세상의 속도를
따라잡고 싶다면

Do it!

초보자도 실자가 된다!

클론 코딩
줌 zoom

노마드 코더와 만드는 **화상 채팅 서비스**

#HTML #CSS #자바스크립트 #Node.js #Socket.io #WebRTC

노마드 코더 **니꼴라스·강윤호** 지음 **이지스 퍼블리싱**

세상의 속도를 따라잡고 싶다면 **Do it!**
변화의 속도를 즐기게 됩니다.

Do it!

Do it! 클론 코딩 시리즈 ③

노마드 코더와 만드는 화상 채팅 서비스
클론 코딩 줌

초판 발행 • 2022년 05월 19일

지은이 • 니꼴라스, 강윤호
펴낸이 • 이지연
펴낸곳 • 이지스퍼블리싱(주)
출판사 등록번호 • 제313-2010-123호
주소 • 서울특별시 마포구 잔다리로 109 이지스빌딩 4층 (우편번호 04003)
대표전화 • 02-325-1722 | **팩스** • 02-326-1723
홈페이지 • www.easyspub.co.kr | **이메일** • service@easyspub.co.kr
Do it! 스터디룸 카페 • cafe.naver.com/doitstudyroom | **인스타그램** • instagram.com/easyspub_it

기획 및 책임편집 • 김은숙 | **베타테스트** • 고석진, 김현성, 박지영, 장민, 장석현
교정교열 • 강민철 | **표지 및 내지 디자인** • 트인글터, 책돼지 | **인쇄** • 보광문화사
마케팅 • 박정현, 한송이, 이나리 | **독자지원** • 오경신 | **영업 및 교재 문의** • 이주동, 김요한(support@easyspub.co.kr)

ISBN 979-11-6303-353-0 13000
가격 18,000원

"코딩은 진짜를
만들어 보는 거야."

노마드 코더
Nomad Coders

이제부터 줌^{zoom}을 똑같이 만들어 봐요!

개발자가 되는 가장 빠른 방법! — 클론 코딩

안녕? 나는 니꼴라스야. 이 책을 손에 든 독자 여러분 모두 모두 환영해. 한국말이 조금 서툴러서 반말로 할 텐데 이해해 주길 바랄게. 이 강의를 만든 이유는 딱 하나야. **내가 생각하는 개발자가 되는 가장 빠른 방법은 '클론 코딩'이기 때문이지.** 프로그래밍에 입문하면 대부분 이론 공부를 하게 될 거야. 하지만 이론 공부를 통해 배운 내용은 머리에 잘 남지 않아. 진짜 지루하기도 하고! 그렇다면 클론 코딩은 어떨까? 나에게 익숙하고, 유용하고, 아름다운 앱이나 서비스를 만드니까 배운 내용이 기억에 오래 남고 절대 지루하지 않아.

이 책에서는 클론 코딩으로 줌을 만들어. 이 내용을 조금만 응용하면 평소에 만들고 싶었던 앱도 완성할 수 있어. 클론 코딩의 효과가 궁금해? 그러면 당장 이 책으로 시작해 봐. 후회하지 않을 거야.

— 노마드 코더 설립자 **니꼴라스**(Nicolás Serrano Arévalo)

웹 개발 경험이 없는 사람도 줌을 완성할 수 있어요!

안녕하세요. 유튜브 채널 '유노코딩'을 운영하는 IT 강사 강윤호입니다. 저는 온라인과 오프라인을 넘나들며 많은 수강생을 만나면서 '어떻게 하면 코딩을 더 쉽고 재미있게 가르칠 수 있을까?'를 고민했어요. 그러던 중에 만난 노마드 코더 강의는 저에게 강사로서 한 단계 더 나아갈 수 있도록 긍정적인 영향을 준 좋은 모델이었습니다. **클론 코딩은 완성된 서비스나 애플리케이션을 따라하며 필요한 기술을 익히고, 실전 감각을 깨닫게 알려 주는 유연한 방식이라고 생각해요.**

이 책은 웹 개발 지식은 어느 정도 갖췄지만 직접 웹 서비스를 만든 경험이 없는 사람을 위해 쓰였어요. 웹 서비스를 만드는 건 정말 멋지고 보람찬 일이지만, 관련 경험이나 지식이 부족하다면 쉽게 도전할 수 없을 거예요. 하나의 서비스를 완성하기 위해 필요한 기술이 무엇인지, 어디서부터 시작해야 할지 잘 모르기 때문이죠. 그러나 **이 책은 독자에게 화상 채팅 서비스를 만드는 전체적인 과정을 이해할 수 있게 하고, 필요한 기술을 차례차례 익히도록 확실히 도와줍니다.**

이 책을 끝까지 읽고 나서 웹 서비스를 완성했다는 성취감을 마음껏 느껴 보세요. 서비스를 완성한 경험은 여러분이 평소에 가졌던 웹 개발에 대한 두려움을 한 번에 날려 버릴 수 있게 해줄 거예요. 자, 어떤가요? 클론 코딩을 마치고 한 단계 더 성장한 여러분의 모습이 기대되지 않나요? 그렇다면 오늘부터 줌 클론 코딩을 재밌게 시작해 보세요!

— 니꼴라스를 도와 이 책을 공동 집필한 **강윤호**

웹 디자이너도 문과생도 똑같이 만들 수 있어요!

안녕하세요? 저는 니꼴라스와 함께 노마드 코더를 운영하는 린입니다. **클론 코딩은 앱이나 서비스를 한 땀 한 땀 따라 만들면서 배우는 효과적인 프로그래밍 학습 방법입니다.** 어떻게 확신하냐고요? 문과생인 제가 이 방법으로 프로그래밍에 쉽게 입문했기 때문입니다. 이 책을 다 읽으면 줌 앱 포트폴리오를 손에 쥘 수 있을 것입니다. 지금 당장 써먹을 수 있는 핵심, 진짜 알맹이만 골라 담은 책이라고 자부합니다. 지금 클론 코딩 로켓에 올라타시죠!

— 린(Lynn, 노마드 코더 공동 운영자)

니꼬샘을 따라 줌을 만들다 보면
프로 개발자가 하는 일을 자연스럽게 알게 될 거예요!

《Do it! 클론 코딩 줌》을 펼친 독자 여러분, 반가워요. 이지스퍼블리싱 편집자 박현규입니다. **제가 클론 코딩을 기획한 이유는 '당장 나에게 필요한 프로그램을 빨리 만들 수 있게 도와주는 책이나 강의는 왜 없을까?'** 라는 의문에서 시작했습니다. 흔히 프로그램을 제대로 만들기 위해서는 이론, 문법부터 충실히 공부해야 한다는 이야기를 많이 하죠. IT 전문서를 만드는 편집자 입장에서도 처음에는 그것이 자연스럽다고 생각했어요. 하지만 주위를 조금 둘러보니 '배우는 사람 입장에서는 다를 수 있겠구나' 라는 생각이 들었습니다. '이렇게 공부하면 정말 내가 프로그램을 만들 수 있을까?', '나는 대체 언제쯤이면 완성된 서비스를 가질 수 있을까?'와 같은 고민하는 사람이 많은 걸 알게 되었죠. 지금 이 책을 펼친 여러분처럼!

이런 고민을 하는 여러분에게 이 책을 강력하게 추천합니다. **왜냐하면 이 책의 본질은 단순히 따라 하는 것이 아니라 목표한 프로그램을 완벽하게 완성하는 것이기 때문이죠.** 니꼬샘의 수업과 함께 프로그램을 만들다 보면 나보다 개발을 잘하는 개발자는 어떻게 일하는지도 자연스럽게 알 수 있을 거예요!

— 박현규(Do it! 클론 코딩 시리즈 기획편집자)

이 책으로 우리도 줌을 만들었어요!

이 책은 전문 베타테스터 5명이 미리 읽고, 클론 코딩 줌을 직접 만들어 보았어요. 코드를 꼼꼼히 읽고 따라하며 책의 완성도를 더 높여 주신 분들이죠. 그렇다면 클론 코딩 줌을 어떻게 완성했는지, 그 과정은 어땠는지 베타테스터의 소감을 잠시 들어 볼까요?

웹소켓 개념, 클론 코딩으로 공부하면 어렵지 않아요!

어렵게 느껴졌던 웹소켓 개념을 쉽게 잡을 수 있도록 도와주었어요. 누구나 쉽게 따라 할 수 있는 수준이었고, 필요한 정보만 골라서 활용할 수도 있었죠. 웹소켓을 이용해 무언가를 만들고 싶은데 시작조차 못했다면 이 책을 꼭 읽어 보세요. 실습을 차분히 따라 하다 보면 혼자서도 충분히 줌 서비스를 만들 수 있을 거예요!

— 고석진(토스증권 프런트엔드 개발자)

줌을 만드는 전체 과정이 모두 들어 있어요!

니꼬샘의 친절한 설명과 단계별 실습 덕분에 줌을 만드는 모든 과정이 머릿속에 쏙쏙 들어왔어요! 특히 동영상 강의로만 공부할 때보다 책으로 읽으니 더 명확하게 이해됐어요. 여러분도 줌을 만들고 싶다면 책과 동영상을 같이 보며 공부해 보세요. 그리고 결과물을 완성한 성취감과 개발 지식이 한층 높아지는 경험을 해보세요!

— 김현성(15년 차 앱, 백엔드 개발자)

웹을 처음 공부하는 사람도 쉽게 따라 할 수 있어요!

Socket.io부터 WebRTC까지 여러 도구로 화상 채팅 서비스를 구현하는 방법을 배웠어요. 특히 웹을 처음 공부하는 사람도 포기하지 않도록 기초 단계부터 차근차근 따라 할 수 있게 도와준다는 점이 인상 깊었어요. 중요한 개념은 필요할 때마다 설명해서 초급자를 확실히 이끌어 준다는 느낌이 들어요. 여러분도 니꼬샘과 함께 이 책을 끝까지 완주해 보세요!

— 박지영(탈잉 프런트엔드 개발자)

클론 코딩 찐팬도 추천하는 책!

이 책을 읽으면 마치 니꼬샘의 생생한 강의를 받는 듯해요! pug라는 뷰 엔진을 처음 사용했는데, 기존 HTML과 어떻게 다른지 경험해 볼 수 있는 좋은 기회였어요. 초보 개발자도 이 책의 실습을 잘 따라 한다면 줌 서비스를 얼마든지 만들 수 있을 거예요. 프로 개발자가 하는 일을 간접 경험하게 해주는 《Do it! 클론 코딩 줌》을 적극 추천해요!

— 장민(3년 차 프리랜서 개발자)

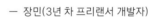

프로그래밍에 자신감이 붙었어요!

프로그래밍에 입문할 때 배운 기술을 어떻게 활용해서 서비스를 완성하는지 궁금하고 답답한 경험이 있을 거예요. 니꼬샘은 그런 사람에게 코드를 쉽게 설명하고, 기술을 어떻게 활용하는지 알 수 있게 도와줘요. 게다가 이 책에서 배운 내용을 다른 프로젝트에 적용해서 나만의 서비스를 만들 수 있다는 자신감도 생겼어요!

— 장석현(cafe24 풀스택 개발자)

하나, 액션만 따라 해도 줌이 짜잔~ 완성!

이 책의 목표는 '줌 앱을 클론 코딩하는 것'입니다. 기본적인 HTML, CSS, 자바스크립트를 알고 있다면 누구나 다 쉽게 할 수 있는 수준이죠. 다음과 같이 '액션'을 하나씩 따라가면 어느새 줌 앱을 완성할 수 있습니다. 그리고 이 책을 끝까지 읽은 후에는 배운 내용을 복습할 겸 나만의 특별한 기능을 추가해 보는 것을 추천합니다!

| 액션 01 | 웹 요소 추가하기 | → | 액션 02 | form 이벤트 등록하기 | → | 액션 03 | 메시지 전송 확인하기 |

액션만 따라가면

어느새 줌 앱 완성!

둘, 클론 코딩하기 딱 좋은 요소 배치!

우리가 따라 할 실습은 [새로 만들어 보자!], [수정해 보자!], [확인해 보자!]처럼 3가지 종류가 있어요. 새로 만드는 코드인지, 삭제하거나 수정해야 할 코드인지 잘 확인하며 실습하세요.

수정할 내용이 바로 보이니까 실습하기 편해요!

수정해 보자! ./package.json ― ./는 루트(최상위) 디렉터리를 의미해!

```
{
  "name": "noom",
  "version": "1.0.0",                   파란색으로 입력한 코드는 그대로 입력하면 돼.
  "description": "Zoom Clone using NodeJS, WebRTC and Websockets.",
  "main": "index.js",
  "scripts": {
    "test": "echo \"Error: no test specified\" && exit 1"
  },
  "keywords": [],        취소선으로 표시한 코드는 삭제해야 해.
  "author": "",
  "license": "MIT"
}
```

셋, 노마드 코더의 통 큰 배려! 무료 동영상 강의도 보세요!

이 책은 노마드 코더의 '줌 클론 코딩' 강의를 재구성했습니다. 각 장의 동영상 강의를 바로 확인할 수 있도록 QR코드를 차례에 넣었습니다. 책과 동영상 강의를 함께 보면 공부 효과를 더 높일 수 있습니다.

클론 코딩 줌 강의:
nomadcoders.co/noom

회원 가입 후 전 강의 무료 수강 가능!

넷, 전체 소스 공개! 깃에서 완성된 코드를 편하게 확인하세요.

클론 코딩은 책에 나온 코드를 직접 치면서 스스로 학습하는 것을 권장해요. 하지만 입력한 내용이 맞는지 확인하고 싶은 독자를 위해 전체 소스 코드를 제공합니다. 원하는 코드를 장별로 편하게 볼 수 있으니 아래의 깃 링크에서 확인해 보세요!

전체 커밋 목록 확인하기: github.com/penguingoon89/noom

장별로 코드가 정리되어 있어요!

다섯, Do it! 스터디룸에서 친구와 함께 공부하고 책 선물도 받으세요!

이지스퍼블리싱에서 운영하는 네이버 카페 'Do it! 스터디룸'에서 같은 고민을 하는 친구들과 함께 공부해 보세요. 내가 잘 이해한 내용은 남을 도와주고 내가 잘 이해하지 못한 내용은 도움을 받으면서 공부하면 복습 효과도 누릴 수 있습니다. 서로서로 코드와 개념 리뷰를 하며 훌륭한 개발자로 성장해 보세요.

Do it! 스터디룸: cafe.naver.com/doitstudyroom

■ Do it! 공부단 ■

공부단에 지원하고, 스터디를 완료하면 책 선물을 드려요!

▣ 공부단 스터디 노트 N
▣ 공부단 완독 인증 N

■ Do it! 시리즈 ■

궁금한 내용은 도서별 게시판에 질문해 보세요!

로켓을 타고 빠르게 완성! — 클론 코딩 줌으로 떠나 볼까요?

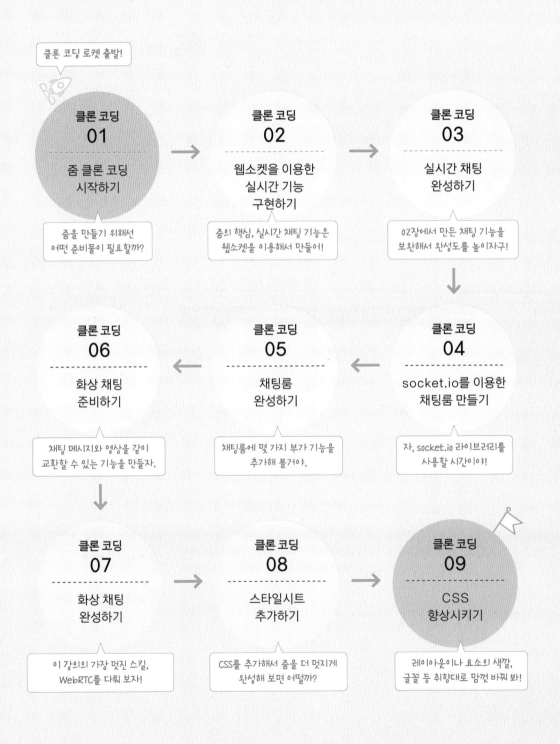

클론 코딩 로켓 출발!

클론 코딩 01
줌 클론 코딩 시작하기

줌을 만들기 위해선 어떤 준비물이 필요할까?

클론 코딩 02
웹소켓을 이용한 실시간 기능 구현하기

줌의 핵심, 실시간 채팅 기능은 웹소켓을 이용해서 만들어!

클론 코딩 03
실시간 채팅 완성하기

02장에서 만든 채팅 기능을 보완해서 완성도를 높이자구!

클론 코딩 06
화상 채팅 준비하기

채팅 메시지와 영상을 같이 교환할 수 있는 기능을 만들자.

클론 코딩 05
채팅룸 완성하기

채팅룸에 몇 가지 부가 기능을 추가해 볼거야.

클론 코딩 04
socket.io를 이용한 채팅룸 만들기

자, socket.io 라이브러리를 사용할 시간이야!

클론 코딩 07
화상 채팅 완성하기

이 강의의 가장 멋진 스킬, WebRTC를 다뤄 보자!

클론 코딩 08
스타일시트 추가하기

CSS를 추가해서 줌을 더 멋지게 완성해 보면 어떨까?

클론 코딩 09
CSS 향상시키기

레이아웃이나 요소의 색깔, 글꼴 등 취향대로 맘껏 바꿔 봐!

01

클론 코딩 줌 시작하기

- -

안녕! 니꼬샘이야. 모두들 환영해. 지금부터 나와 함께 줌(Zoom) 애플리케이션을 본떠 우리만의 화상 채팅 애플리케이션 '눔(Noom)' 만들기 프로젝트를 진행해 볼 거야. 프로젝트를 마치고 나면, 자바스크립트가 얼마나 강력한 언어인지 알게 될 거야. WebRTC를 활용한 화상 통화, 웹소켓을 이용한 실시간 채팅, 메시지 저장 등 다양한 기능을 자바스크립트만으로 구현할 거고, 심지어 이 모든 기능이 실시간으로 작동하게 만들 거거든! 정말 기대되지 않아? 난 아주 기대되고 즐거워.

참, 우리 프로젝트를 시작하기에 앞서 준비해야 할 것이 몇 가지 있는데, 이 과정은 유노 조교가 안내할 테니 집중해서 잘 따라와 줘!

🎤

🔊

📹

안녕하세요? 클론 코딩 줌 프로젝트 안내를 맡은 유노 조교입니다. 저는 여러분이 클론 코딩을 진행하는 데 도움이 될 만한 보충 설명이나 팁에서 중간중간 나타날 테니 앞으로 잘 부탁드리겠습니다. 실습에 앞서, 이 책에서 만들어 볼 클론 코딩 결과물이 어떤 모습일지, 또 어떤 기능을 가지고 있을지를 간단히 소개하겠습니다.

액션 01 실시간 채팅 기능 구현하기

이번 클론 코딩의 핵심 기능은 실시간 채팅 기능입니다. 실시간으로 정보 교환이 가능한 프로토콜을 배우고, 이 프로토콜을 이용해 채팅 기능을 구현해 볼 거예요.

실시간 채팅 기능 완성 화면

책 전반에 걸쳐 실시간 통신을 위해 필요한 다양한 패키지와 함수를 학습할 예정이니, 각 기술의 특징이나 사용법 등을 비교해 가며 공부하길 추천합니다!

액션 02 채팅룸 기능 구현하기

우리는 같은 채팅룸 안의 사용자들끼리만 채팅을 주고받을 수 있는 애플리케이션을 만들 거예요. 채팅룸을 생성하고, 현재 사용자가 접속한 채팅룸을 감지하는 기능을 구현해 볼 것입니다. 이 과정에서는 웹소켓이 무엇인지, 웹소켓이 어떤 역할을 수행하는지 이해하게 됩니다. 웹소켓을 잘 이해하면 네트워크 관련 분야에서 여기서 배운 지식을 응용할 수 있을 거예요.

Open Rooms:

- nico
- yoono

Room nico (3)

현재 생성되어 있는 채팅룸 목록과, 채팅룸 접속자 수를 표시할 거예요.

- Anon arrived!
- Anon arrived!

채팅룸 완성 화면

액션 03 · 화상 채팅 기능 구현하기

실시간 채팅 앱에 마침표를 찍어 줄 기능으로, 화상 채팅 기능을 추가할 것입니다. 사용자의 기기에 탑재된 카메라를 이용해 영상을 촬영하고, 그 영상을 실시간으로 상대방과 교환하는 데 필요한 기술을 익히며 실제로 구현해 볼 거예요.

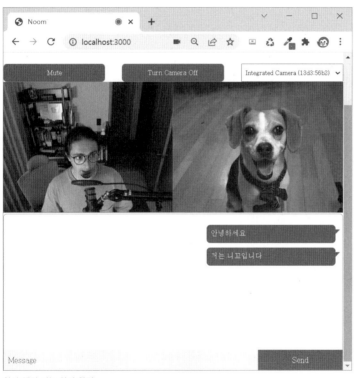

화상 채팅 기능 완성 화면

여기서 소개한 3가지 주요 기능 외에도 앱을 구성하는 다양한 세부 기술을 배우고 구현해 볼 것입니다. 중간중간 어렵거나 복잡한 개념들이 나오더라도 여러분이 클론 코딩을 완주할 수 있도록 니꼬샘과 제가 열심히 이끌어 드릴 테니 안심하고 함께 해주세요!

01-2 클론 코딩 수업 준비하기

클론 코딩 줌을 시작하려면 몇 가지 준비물이 필요한데요. 유노 조교와 함께 어떤 것들이 필요한지 살펴보고 하나씩 준비해 볼까요?

액션 01 하드웨어 요구 사항 확인하기

우리의 목표는 줌을 클론 코딩하여 우리만의 화상 채팅 애플리케이션을 만드는 것입니다. 따라서 영상과 음성을 처리할 수 있는 웹캠^{webcam}과 마이크가 필요합니다. 웹캠과 마이크가 기본적으로 내장된 컴퓨터를 사용하면 가장 좋겠지만, 내장된 장치가 없다면 완성된 애플리케이션을 스마트폰에서 테스트해도 됩니다. 스마트폰에는 카메라, 마이크, 웹 브라우저가 모두 내장되어 있어서 우리가 만들 애플리케이션의 모든 기능을 사용해 볼 수 있습니다.

참, 그리고 실습할 때 컴퓨터 운영체제는 윈도우, 맥 중 어떤 것을 사용해도 괜찮지만, 이 책에서는 윈도우 운영체제를 기준으로 설명을 진행하니 참고해 주세요.

웹캠

또는

마이크

스마트폰도 가능해요!

액션 02 Node.js 설치하기

Node.js는 자바스크립트 런타임입니다. 런타임이란 '프로그래밍 언어가 구동되는 환경'을 뜻합니다. 우리의 애플리케이션은 Node.js를 기반으로 실행될 것이므로 반드시 Node.js를 먼저 설치해야 합니다. 설치를 위해 Node.js의 공식 홈페이지 nodejs.org에 접속해 보겠습니다.

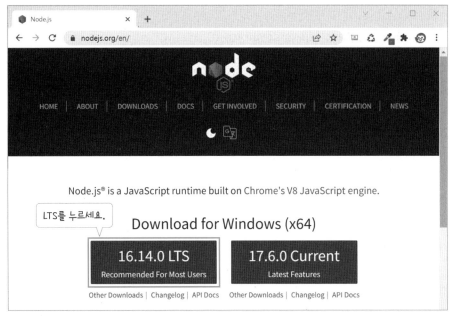

nodejs.org 메인 화면

여기에서 LTS라고 표시된 버튼을 누릅니다. 다운로드가 완료되면 설치 파일을 실행하세요.
설치 과정은 간단하므로 생략하겠습니다.

▶ LTS는 'long term support'를 뜻합니다. 말 그대로 '오랜 기간 지원'을 제공한다는 의미로, 계속해서 취약점을 개선하며 관리
하고 있는 버전임을 의미합니다. 오른쪽에 있는 Current는 현재 개발하고 있는 최신 버전을 의미하는 것으로, LTS를 이용하는 편
이 좀 더 안정적입니다.

Node.js 설치를 마치고 나면, 설치가 잘 되었는지 확인해 보기 위해 명령 프롬프트(맥에서는
터미널)를 열고 다음 명령어를 입력해 주세요.

▶ 편의를 위해 앞으로는 명령 프롬프트, 터미널 모두를 터미널이라고 표현하겠습니다.

터미널	— □ ×
> node -v	

Node.js 버전 확인

액션 03 비주얼 스튜디오 코드 설치하기

이 책에서는 코드 편집기로 비주얼 스튜디오 코드를 사용합니다. 코드 편집기는 우리가 더욱 빠르고 편하게 코드를 작성할 수 있도록 도와주는 고마운 도구입니다. 앞으로 실습 과정은 모두 여러분이 비주얼 스튜디오 코드를 사용하고 있다는 가정하에 진행할 것이므로, 이전까지 비주얼 스튜디오 코드를 사용해 본 적이 없는 분들도 열린 마음으로 함께 준비해 주세요.

비주얼 스튜디오 코드는 code.visualstudio.com에 접속해서 [Download for Windows] 버튼을 클릭한 뒤 설치 파일을 내려받아 실행하면 됩니다. 설치 과정은 간단하므로 생략하겠습니다.

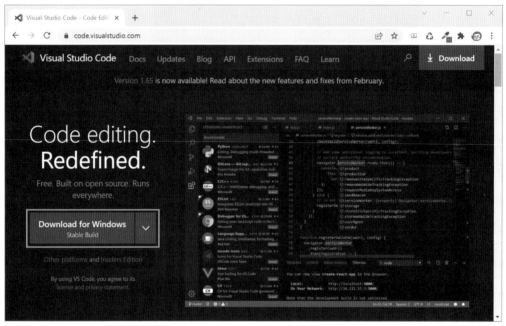

비주얼 스튜디오 코드 설치 파일 다운로드

01-3 프로젝트 생성하기

니꼬쌤이야! 어떤 것이 필요한지 파악했고 준비도 끝났지? 그럼 지금부터 나와 함께 본격적으로 코딩을 시작할 때 필요한 프로젝트 폴더를 만들고 기초 파일도 몇 가지 준비해 보자. 우리의 화상 채팅 애플리케이션을 완성하려면 서버와 프런트엔드 코드 둘 다 필요한데, 코드를 작성할 수 있는 무대를 마련하는 거라고 생각하면 돼.

액션 01 폴더 생성 및 열기

일단 프로젝트를 위한 폴더를 하나 만들자. 프로젝트 폴더를 보관하고 싶은 위치에 새 폴더를 만들고, 이름은 noom이라고 하자. 노마드코더^{nomadcoders}와 함께 만드는 줌^{zoom}이라는 의미에서.

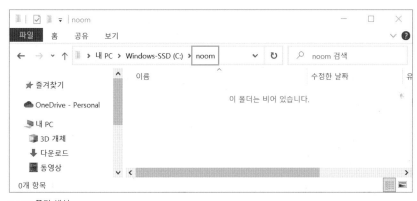

noom 폴더 생성

이제 이 폴더 안에서 프로젝트를 진행할 거야. 비주얼 스튜디오 코드를 열고 [파일 → 폴더 열기]를 선택해 noom 폴더를 열어 보자.

[폴더 열기] 선택

noom 폴더 선택

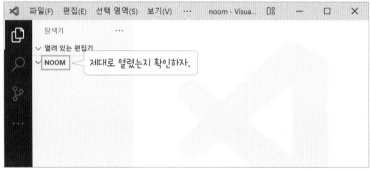

noom 폴더 열기 완료

폴더를 열고 나면, 비주얼 스튜디오 코드 탐색기의 최상위 폴더(루트 디렉터리) 이름이 [NOOM]으로 표시될 거야. 만일 다른 이름이 표시되었다면, 폴더 열기를 다시 시도해서 폴더를 정확히 선택해야 해.

액션 02 프로젝트 폴더 초기화하기

앞에서 유노 조교가 우리가 만들 애플리케이션은 Node.js를 기반으로 실행될 거라고 얘기한 것, 기억하지? 맞아. 우리의 애플리케이션은 자바스크립트로 만들 거고, Node.js라는 자바스크립트 런타임을 기반으로 실행될 거야. 여기에 필요한 초기 설정을 진행할 건데, 먼저 비주얼 스튜디오 코드에 내장된 터미널부터 열어 보자. [터미널 → 새 터미널]을 선택하면 터미널이 하나 열릴 거야.

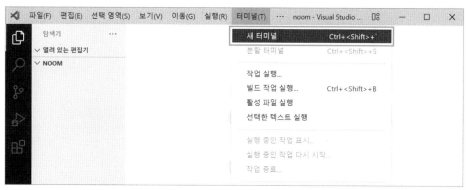

비주얼 스튜디오 코드 터미널 열기

코드 에디터에 내장된 터미널

▶ 비주얼 스튜디오 코드에는 터미널이 내장되어 있어 별도의 터미널을 열지 않아도 명령어를 실행할 수 있습니다. 터미널 디렉터리 또한 최상위 폴더로 자동 설정되어 편리합니다.

터미널에서 다음 명령어를 실행해 package.json 파일을 자동 생성해 보자.

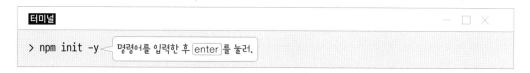

명령어가 실행되고 나면, 탐색기에 package.json이 생성된 것이 보일 거야.

package.json 생성 완료

▶ npm init, package.json의 정체는 이 절의 끝에 있는 〈유노 조교의 보충 수업〉에서 설명하겠습니다.

액션 03 package.json 수정하기

package.json을 열어 보자. 자동 생성된 코드가 있지? 여기에서 우리에게 필요하지 않은 내용은 모두 지워 버리고 필요한 항목만 수정해서 사용하자. 수정을 마친 다음엔 저장하는 것 잊지 말고.

수정해 보자! **./package.json** — ./는 루트(최상위) 디렉터리를 의미해!

```
{
  "name": "noom",
  "version": "1.0.0",
  "description": "Zoom Clone using NodeJS, WebRTC and Websockets.",
  "main": "index.js",
  "scripts": {
    "test": "echo \"Error: no test specified\" && exit 1"
  },
  "keywords": [],
  "author": "",
  "license": "MIT"
}
```

파란색으로 입력한 코드는 그대로 입력하면 돼.

취소선으로 표시한 코드는 삭제해야 해.

▶ 라이선스를 MIT로 기입한 것은 이 소프트웨어(프로젝트)를 무상으로 제한 없이 취급해도 좋다는 의미입니다.

액션 04 README.md 파일 생성하기

우리의 프로젝트를 간략하게 소개하는 설명문을 작성하기 위해 README.md 파일
을 만들어 보자. 비주얼 스튜디오 코드 탐색기에서 마우스 오른쪽 버튼을 누르고 [새 파일]을
선택하면 새로운 파일을 생성할 수 있어. 이때 파일 이름을 README.md로 정해 주면 돼.

새 파일 만들기

README.md에는 다음처럼 간단한 설명을 적어 두자.

새로 만들어 보자! README.md

```
# Noom

Zoom Clone using NodeJS, WebRTC and Websockets.
```

유노 조교의
보충 수업!

npm init 명령어와 package.json

package.json 파일은 Node.js를 기반으로 한 프로젝트에서 프로젝트 정보와 의존성을
기록하고 관리합니다. 프로젝트에 패키지를 추가로 설치할 때마다 패키지 정보가 자동으로
입력되기도 하고, package.json에 입력된 내용을 토대로 프로젝트의 개발 환경을 구축
할 수도 있어서 이 파일은 Node.js를 기반으로 한 프로젝트에서 필수입니다.

이토록 중요한 package.json을 사용하려면 직접 파일을 생성해 일일이 내용을 기입할 수도 있지만,
npm(node package manager)이 제공하는 npm init 명령어를 이용하면 파일이 자동 생성되는 것은
물론이고 기본 템플릿까지도 제공받을 수 있습니다. npm init 명령어에 -y 옵션을 추가하면 기본 템플릿 생성
과정을 좀 더 빠르게 처리할 수 있으므로 이 책에서는 이 옵션을 추가하여 package.json을 생성했습니다.

01-4 서버를 위한 준비 작업

서버는 데이터를 보관하거나 주고받기 위해 필요한 처리를 담당하는 컴퓨터 또는 프로그램을 뜻해. 우리의 눔^{Noom}은 화상 채팅 애플리케이션이니까, 아무래도 데이터가 정말 많이 오고 가겠지? 따라서 눔에도 서버는 반드시 필요할 테니, 여기에서는 눔 서버를 위한 준비를 진행해 볼 거야.

액션 01 **nodemon 설치하기**

터미널에서 다음 명령어를 실행해 nodemon을 설치해 보자. nodemon은 우리가 소스 코드를 수정할 때마다 코드의 변화를 감지해서 자동으로 서버 프로그램을 재시작해 주는 도구야. 우리는 코드를 Node.js 기반으로 실행할 거잖아? nodemon은 코드를 Node.js 기반으로 실행해 주는 것은 물론이고 모니터링까지 해줘. 따라서 이걸 사용하면 개발 과정이 한결 편해질 거야.

터미널   – □ ✕

```
> npm i nodemon -D    ← -D 옵션을 추가해 줘!
```

▶ 패키지를 설치할 때 -D 옵션을 추가한 것은 개발 및 테스트를 위해 설치하는 패키지라는 의미입니다. 설치를 마치고 나면 package.json에 devDependencies라는 항목이 추가되고, 설치된 패키지가 자동으로 표시됩니다.

확인해 보자! **./package.json**

```
{
  "name": "noom",
  "version": "1.0.0",
  "description": "Zoom Clone using NodeJS, WebRTC and Websockets.",
  "license": "MIT",
  "devDependencies": {
  "nodemon": "^2.0.15"    ← 직접 작성하는 게 아니라 자동으로 추가되는 거야!
  }
}
```

babel 관련 패키지 설치하기

알다시피 우리는 자바스크립트를 이용해 눔을 위한 코드를 작성할 거야. 그런데 나는 우리가 그냥 자바스크립트가 아닌 섹시하고 쿨한 '최신 자바스크립트'로 코드를 작성했으면 좋겠어. 그래서 자바스크립트 컴파일러 babel 관련 패키지를 몇 가지 설치할 거야. babel이 뭔지 잘 모르겠다고? 걱정하지 마! 이 절의 끝에서 유노 조교가 보충 설명해 줄 거니까. 설치할 패키지는 총 4개야.

터미널 — ☐ ✕

```
> npm i @babel/core @babel/cli @babel/node @babel/preset-env -D
```

▶ 패키지를 설치할 때 패키지명을 공백으로 구분해서 입력하면 패키지를 한 번에 여러 개 설치할 수 있습니다.

▶ 컴파일러란 프로그래밍 언어를 번역해 주는 프로그램입니다. babel은 작성된 자바스크립트 코드를 다른 버전의 자바스크립트 코드로 번역해 주는 역할을 하는 컴파일러입니다.

서버 파일 및 설정 파일 생성하기

nodemon과 babel 관련 패키지를 설치했으니, 이번에는 서버 파일을 만들고 각 패키지의 세부 설정도 눔에 맞게 수정해 보자. 서버 파일은 루트 디렉터리에 src 폴더를 만들고, 그 안에 server.js라는 이름으로 생성해. server.js 파일에 다음 코드를 입력해 봐.

새로 만들어 보자! ./src/server.js

```
console.log("hello");
```

그런 다음 루트 디렉터리에 nodemon.json과 babel.config.json 파일을 각각 새로 만들자. 이 파일들을 루트 디렉터리에 위치시키고 설정 사항을 작성해 두면 프로젝트에 반영될 거야.

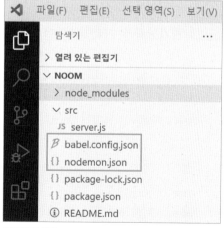

설정 파일 추가

설정 파일 수정하기

먼저 nodemon.json부터 수정해 보자. 현재 우리 프로젝트 폴더에는 babel이 설치되어 있지? babel은 자바스크립트 컴파일러이고, nodemon은 코드를 실행해 주는 런타임이야. 컴파일은 코드의 실행보다 먼저 처리되어야 하는 일이니까, nodemon.json에는 'babel을 이용해 컴파일한 다음에 코드를 실행하겠다'라는 설정을 추가해 주어야 해. 우리의 서버 프로그램은 src 폴더의 server.js니까 파일명도 잊지 말고 써줘.

수정해 보자! **./nodemon.json**

```
{
  "exec": "babel-node src/server.js"
}
```

nodemon이 babel을 사용한다고 설정되어 있으니, 당연히 babel에 대한 설정도 이어서 해 줘야겠지? babel.config.json 파일을 다음과 같이 수정하자.

수정해 보자! **./babel.config.json**

```
{
  "presets": ["@babel/preset-env"]
}
```

▶ presets는 babel에 대한 사전 설정을 의미하며, @babel/preset-env는 ES6 이후 자바스크립트의 모든 기능을 컴파일할 수 있도록 설정한 옵션입니다.

스크립트 추가 및 테스트하기

여기까지 잘 따라왔지? 아직 갈 길이 멀지만, 이쯤에서 서버가 잘 실행되는지 테스트해 보는 게 좋을 것 같아. 그래야 이 뒤로도 쭉쭉 진행할 수 있을 테니까.

package.json을 열고 명령어를 추가할 수 있도록 **scripts** 키를 추가해 보자. 그리고 명령어를 하나 추가해 줘.

수정해 보자! **./package.json**

```
{
  "name": "noom",
  "version": "1.0.0",
  "description": "Zoom Clone using NodeJS, WebRTC and Websockets.",
```

```
    "license": "MIT",
    "scripts": {
      "dev": "nodemon"
    },
    "devDependencies": {
      "@babel/cli": "^7.17.6",
      "@babel/core": "^7.17.5",
      "@babel/node": "^7.16.8",
      "@babel/preset-env": "^7.16.11",
      "nodemon": "^2.0.15"
    }
  }
```

▶ 각 패키지의 버전은 시간이 지남에 따라 계속해서 변경되므로, 위 코드에 표시된 것과 본인이 직접 설치한 버전이 다를 수 있다는 점을 참고해 주세요.

명령어 dev를 추가했으니, 이제 터미널을 열고 서버 프로그램만 실행하면 돼.

```
터미널                                                                    —  □  ✕

> npm run dev
```

명령어를 실행하면 터미널에는 다음처럼 출력될 거야.

```
[nodemon] 2.0.15
[nodemon] to restart at any time, enter `rs`
[nodemon] watching path(s): *.*
[nodemon] watching extensions: js,mjs,json
[nodemon] starting `babel-node src/server.js`
hello
[nodemon] clean exit - waiting for changes before restart
```

첫 실행 테스트 결과 화면

server.js에 작성해 둔 console.log("hello"); 코드가 터미널에서 정상으로 동작하고 있어. nodemon이나 babel 관련 설정에도 문제가 없고, 프로젝트 폴더 구조도 잘 만든 것 같네. 잘 하고 있어.

▶ 실행 중인 nodemon을 종료해 터미널을 원래대로 돌려놓으려면 ctrl + C 를 누른 다음 y를 입력하여 작업을 종료해 주세요.

express 설치하기

서버 프로그램에 필요한 구조는 거의 다 준비된 것 같으니 이제 express를 설치해 보자. express는 Node.js 환경에서 API 서버를 개발할 때 사용할 수 있는 웹 프레임워크인데, 눔 서버 프로그램의 기능도 express를 사용해서 만들어 볼 거야.

```
[터미널]                                                          — □ ✕

> npm i express
```

▶ express는 개발 단계뿐만 아니라 실제 서비스에서 사용할 패키지이므로 -D 옵션을 사용하지 않습니다.

설치가 끝나고 나면 server.js를 수정하자. 기존 코드를 전부 지우고 새롭게 작성하면 돼.

```
수정해 보자!  ./src/server.js

console.log("hello");
import express from 'express';

const app = express();

const handleListen = () => console.log("Listening on http://localhost:3000");
app.listen(3000, handleListen);
```

코드의 맨 윗줄에서는 최신 자바스크립트 문법인 import와 from을 이용해 express를 우리 서버에 가져왔어. 그걸 토대로 서버를 생성하고, localhost의 3000번 포트에서 서버가 열리도록 코드를 작성했지. 이제 서버 프로그램을 실행하면 눔 서버가 열릴 거야.

```
[터미널]                                                          — □ ✕

> npm run dev
```

명령어를 실행하고 나면 터미널에는 다음처럼 출력될 거야.

```
[nodemon] 2.0.15
[nodemon] to restart at any time, enter `rs`
[nodemon] watching path(s): *.*
[nodemon] watching extensions: js,mjs,json
[nodemon] starting `babel-node src/server.js`
Listening on http://localhost:3000
```

터미널 화면

`console.log` 메서드는 잘 실행되네. 그런데 확인할 게 더 있어. 우리는 localhost의 3000번 포트에서 우리 서버를 실행시켰으니까, 웹 브라우저를 열고 http://localhost:3000 주소에 접속해서 결과가 잘 나오는지도 확인해야 해.

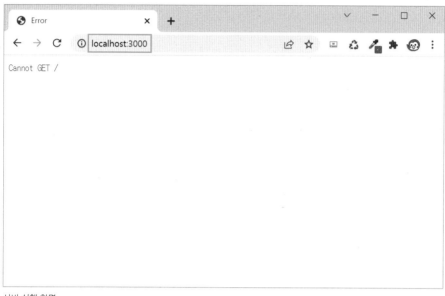

서버 실행 화면

Cannot GET /이라고 표시되네! 메시지가 조금 부정적인 느낌이지만, 사실 현재로서는 이렇게 표시되는 게 정상이야. 우리가 서버를 열긴 했지만, 서버에 딱히 기능을 추가하지는 않았으니까. 여기까지 왔다면, 서버 프로그램을 위한 준비는 이제 끝났어! 수고했고, 여세를 몰아 이어지는 파트에서는 프런트엔드 코드를 위한 준비도 쭉쭉 진행해 보자!

유노 조교의 보충 수업!

babel이 뭔가요? 그리고 왜 사용하나요?

babel은 작성 완료된 자바스크립트 코드를 다른 버전의 자바스크립트 코드로 번역할 수 있는 자바스크립트 컴파일러입니다. 자바스크립트는 ECMA Script라는 표준 명세에 따라 사용하는 프로그래밍 언어인데, 이 명세는 자바스크립트의 발전을 위해 지속적으로 수정, 보완되고 있습니다. 따라서 자바스크립트에는 때때로 새로운 문법이 추가되곤 하는데, 문제는 이렇게 변화된 자바스크립트의 문법에 모든 브라우저가 일일이 대응할 수 없다는 점입니다. 그래서 많은 자바스크립트 개발자들이 비교적 최신 자바스크립트 문법으로 작성된 코드를 이전의 문법으로 변환해 줄 수 있는 자바스크립트 컴파일러 babel을 사용합니다.

01-5 프런트엔드를 위한 준비 작업

이제 사용자를 위한 파트를 준비해 보자! 우리가 서버를 만든 것도 결국 서비스를 이용하는 고객에게 무언가를 제공하기 위해서니까, 그들이 서비스를 이용할 때 제공될 멋진 페이지가 필요하겠지?

액션 01 public 폴더 생성하기

src 폴더 안에 새 폴더를 하나 만들고 이름을 public이라고 지어 줘. public은 페이지에 필요한 스크립트나 스타일시트를 보관할 폴더야. public 폴더 안에 다시 js라는 이름의 폴더를 만들고, js 폴더 안에는 파일 app.js를 생성하면 돼. 페이지에 추가할 스크립트는 바로 여기에 작성될 거야. 나중에는 public 폴더 안에 css라는 폴더도 만들어서 스타일시트를 작성하기도 할 건데, 그 부분은 조금 뒤에 하기로 하고 지금은 app.js만 만들어 두자.

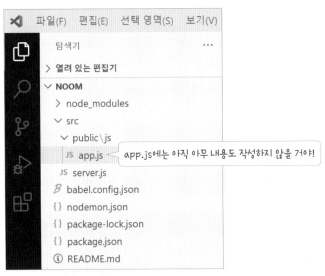

public 폴더 생성 후 프로젝트 구조

액션 02 pug 설치하기

사용자에게 제공할 페이지를 만들기 위해서 우리는 '뷰 엔진'이라는 걸 사용해 볼 거야. 뷰 엔진은 단순히 HTML을 이용해서 페이지를 만드는 것보다 편하게 데이터를 전송하고 표현할 수 있거든. 뷰 엔진의 종류는 꽤나 다양한데, 우리는 그중에서도 pug라는 걸 사용해 볼 거야. 터미널을 열고 다음 명령어를 입력하면 설치가 진행돼.

```
터미널                                                    -  □  ×

> npm i pug
```

▶ 뷰 엔진이란, 서버에서 처리한 데이터 결괏값을 정적인 페이지(HTML 파일)에 더욱 편리하게 출력해 주기 위해 사용하는 시스템입니다. 뷰 엔진이 요구하는 형태로 템플릿 파일을 만들고, 서버에서 처리한 데이터를 해당 템플릿 문서에 전달하면 화면에 출력할 수 있습니다.

▶ 자세한 pug 사용법: https://pugjs.org/api/getting-started.html

액션 03 views 폴더 생성하고 뷰 만들기

이번에는 src 폴더 안에 views라는 폴더를 하나 생성하자. 뷰 엔진을 사용해 만든 문서를 '뷰view'라고 하는데, 우리가 만들 뷰는 모두 이 폴더 안에 보관할 거야. views 폴더를 만들었다면, 그 안에 home.pug라는 이름으로 우리의 첫 번째 뷰를 만들어 보자. 여기에는 pug의 문법에 맞게 코드를 작성해 주어야 해.

```
새로 만들어 보자!  ./src/views/home.pug

doctype html
html(lang="en")
  head ◁ 들여쓰기 간격은 통일해 줘!
    meta(charset="UTF-8")
    meta(http-equiv="X-UA-Compatible", content="IE=edge")
    meta(name="viewport", content="width=device-width, initial-scale=1.0")
    title Noom
  body
    h1 It works!
```

첫 번째 뷰를 만들어 봤는데, 어때? HTML 코드보다 훨씬 간편하지 않아? 일일이 태그를 열고 닫을 필요 없이 들여쓰기만으로 부모 태그와 자식 태그를 구분할 수 있어!

액션 04 server.js에 뷰 엔진 설정하기

이제 우리가 만든 뷰가 서버를 통해 사용자에게 제공될 수 있도록 해보자. 뷰가 잘 만들어지긴 했지만, 그것을 어떤 식으로 제공할 것인지는 전혀 정해 두지 않았잖아? 우리 서버는 server.js 파일에서 만들어지니까, 내용을 조금 수정해서 뷰를 제공할 수 있도록 해보자.

수정해 보자! ./src/server.js

```
import express from "express";

const app = express();

app.set("view engine", "pug");
app.set("views", __dirname + "/views");   ← 언더바(_)는 두 번 입력해!

app.get("/", (req, res) => res.render("home"));
app.get("/*", (req, res) => res.redirect("/"));

const handleListen = () => console.log("Listening on http://localhost:3000");
app.listen(3000, handleListen);
```

▶ __dirname은 Node.js 기본 전역 변수로, 현재 실행하는 폴더의 경로를 의미합니다. 여기서는 눔의 src 폴더 경로가 할당되어 있습니다.

app.set 메서드를 이용하면 설정하고자 하는 항목을 지정해 원하는 설정값을 입력할 수 있어. 위 코드에서 우리는 view engine 항목을 pug로, views 항목을 우리가 만든 views 폴더로 각각 설정한 셈이지.

그 아래에 있는 app.get 메서드는 우리 서버에 HTTP 요청이 왔을 때 지정된 콜백을 이용하여 라우팅 처리를 해주지. 여기에서는 사용자에게 home.pug를 제공하기 위한 라우팅 설정을 해두었어. 어떤 주소를 입력해서 서버에 접근하더라도 사용자는 home.pug를 제공받을 거야.

▶ 여기에서 라우팅이란, 주소를 보고 어떤 페이지(뷰)를 제공할지 결정하는 작업을 뜻합니다.

액션 05 실행해 보기

서버에 뷰 엔진 설정을 추가했으니, 이제 서버를 실행하면 뷰가 제공되는 걸 확인할 수 있을 거야. 그럼 터미널을 열고 서버를 실행해 보자.

```
> npm run dev
```

명령어를 실행한 후 웹 브라우저를 열고 localhost:3000 주소에 접속해 봐. 그러면 다음과 같은 화면을 볼 수 있을 거야.

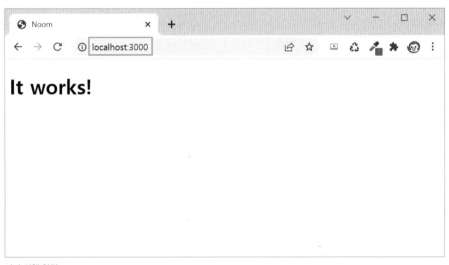

서버 실행 화면

어때? 우리가 만든 뷰가 서버를 통해 제공되고 있어! 이제부터 우리가 home.pug의 내용을 수정하면 웹 브라우저 화면도 달라지겠지?

액션 06 **뷰를 위한 스크립트 추가하기**

서버가 잘 실행되고 있고, 뷰가 잘 렌더링되고 있어. 그 상태에서 이제 home.pug에 스크립트를 추가해 보자. 앞에서 public 폴더를 만들고 그 안에 app.js 파일을 만들어 둔 것 기억하지? home 뷰를 위한 스크립트로 이 파일을 추가할 거야.

수정해 보자! ./src/views/home.pug

```
doctype html
html(lang="en")
  head
    meta(charset="UTF-8")
    meta(http-equiv="X-UA-Compatible", content="IE=edge")
```

```
    meta(name="viewport", content="width=device-width, initial-scale=1.0")
    title Noom
  body
    h1 It works!
    script(src="/public/js/app.js")
```

pug 문법에 맞게 스크립트를 추가했어. 그런데 여기에 파일을 추가한 것만으로는 스크립트가 완전히 적용되었다고 할 수 없어. 우리의 뷰는 서버를 통해 제공되니까 서버에서 /public 경로에 대한 설정까지 추가해 주어야 해. 이어서 server.js도 수정하자.

수정해 보자! ./src/server.js

```
(...생략...)
app.set("view engine", "pug");
app.set("views", __dirname + "/views");
app.use("/public", express.static(__dirname + "/public"));
app.get("/", (req, res) => res.render("home"));
app.get("/*", (req, res) => res.redirect("/"));
(...생략...)
```

추가된 코드는 **app.use** 메서드를 이용해서 /public 경로가 우리 src 폴더에 있는 public 폴더라고 정의한 거야. 이제 뷰에서 /public 경로를 잘 찾아갈 수 있게 된 거지.

액션 07 **nodemon 설정 추가하기**

nodemon은 코드 변화를 감지해서 서버를 재시작해 주는 기능이 있어. 이 기능은 무척 편리하지만, 코드를 바꿀 때마다 매번 서버가 재시작되는 건 조금 귀찮을 수도 있겠지? 그래서 이번에는 nodemon.json 설정 파일에 내용을 조금 추가할 거야. 앞으로 public 폴더의 내용을 자주 수정할 건데, public 폴더 내부의 코드가 변할 때는 굳이 서버가 재시작되지 않도록 해보자.

수정해 보자! ./nodemon.json

```json
{
  "ignore": ["src/public/*"],
  "exec": "babel-node src/server.js"
}
```

▶ 여기에서 기호 별표(*)는 '모든 것'을 의미합니다.

설정 파일에 **ignore**라는 키를 추가했고, 값으로 public 폴더를 지정했어. 그러면 이제부터는 public 안의 코드가 변한다고 해도 nodemon이 서버를 재시작하지 않을 거야. 참, nodemon 설정 파일을 수정한 다음에는 nodemon을 종료했다가 다시 실행해야 설정이 적용되니까 참고해 줘!

액션 08 home.pug와 app.js 수정하기

이제 준비는 거의 다 끝났으니, 마무리로 뷰와 스크립트를 조금씩 수정해서 동작이 잘 진행되는지 확인해 보자.

수정해 보자! ./src/views/home.pug

```pug
(...생략...)
body
  h1 It works!
  header
    h1 Noom
  main
    h2 Welcome to Noom
  script(src="/public/js/app.js")
```

수정해 보자! ./src/public/js/app.js

```js
alert("hi!");
```

수정을 모두 마쳤다면, 이제 웹 브라우저로 돌아가서 localhost:3000 주소에 다시 접속해 봐.

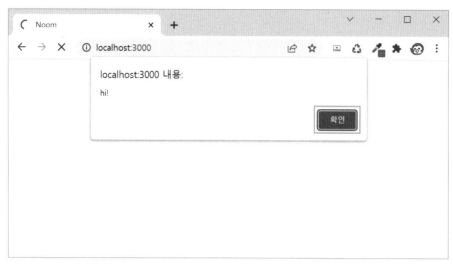

localhost:3000 결과 화면

app.js의 `alert("hi!")`가 잘 실행되고 있고, [확인]을 눌러 대화상자를 닫으면 뷰에서 설정한 화면도 정상으로 보일 거야.

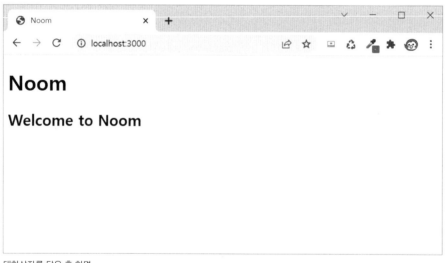

대화상자를 닫은 후 화면

h1, h2와 같은 웹 콘텐츠도 완벽하게 렌더링되고 스크립트도 잘 동작하고 있어. 모든 것이 완벽하고 좋아. 그런데 이 상태로는 어딘가 조금 심심한 느낌이 드네. 그래서 스타일시트를 조금 추가해 볼까 하는데, 스타일시트는 일일이 작성하지 말고 라이브러리 파일을 가져다 추가해 보자!

MVP.css 적용하기

CSS 코드를 하나하나 작성해서 스타일을 만드는 건 번거롭기도 하고, 디자인 감각이 없는 사람한테는 고통스러운 일이기까지 해. 그래서 여기에서는 MVP.css라는 라이브러리를 사용해 볼 거야. MVP.css는 우리가 태그에 **class**나 **id** 같은 특성을 추가하지 않아도 자동으로 스타일을 적용해 주는 정말 편한 라이브러리야. MVP.css를 우리 페이지에 연결하기만 하면 모든 스타일이 자동으로 완성되니까 따로 공부할 필요도 없어. 대박이지? 그러면 당장 MVP.css의 URL을 우리 뷰에 추가해 보자.

▶ 라이브러리란, 프로그래밍 언어를 사용해 만든 기능이나 데이터를 제공하는 파일 또는 파일 모음을 뜻합니다.

수정해 보자! `./src/views/home.pug`

```
(...생략...)
    meta(http-equiv="X-UA-Compatible", content="IE=edge")
    meta(name="viewport", content="width=device-width, initial-scale=1.0")
    title Noom
    link(rel="stylesheet", href="https://unpkg.com/mvp.css")
  body
(...생략...)
```

▶ MVP.css 홈페이지: https://andybrewer.github.io/mvp

MVP.css가 연결됐다면, 이제 다시 localhost:3000에 접속해 콘텐츠가 어떻게 변했는지 확인해 보자!

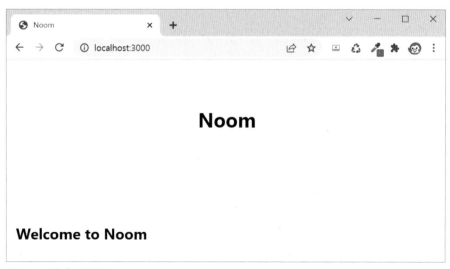

MVP.css 적용 후 결과 화면

어때? h1은 가운데 정렬이 됐고, h1과 h2 사이에는 여백이 추가되었지. 우리는 아무런 스타일도 따로 작성해 준 적이 없는데 말이야. 물론 화면을 원하는 대로 디자인하려면 스타일시트를 어느 정도 작성할 필요가 있겠지만, 기능을 구현하는 동안에는 일단 MVP.css의 도움을 받기로 하자.

그러면 여기까지 눔의 기능을 구현하기 위한 준비를 마무리할게. 수고 많았고, 다음 장부터는 본격적으로 메시지 교환, 화상 통화 등의 기능을 구현해 볼 거니까 기대해 줘!

▶ MVP.css는 웹 콘텐츠의 기본 스타일을 정의하여 제공하는 라이브러리입니다. 웹 콘텐츠를 라이브러리가 만들어 주는 기본 스타일이 아니라 우리가 원하는 모습으로 만들려면 결국 CSS 코드를 직접 작성해야 합니다.

02

웹소켓을 이용한 실시간 기능 구현하기

이제 클론 코딩을 할 준비를 마쳤으니 본격적으로 기능을 구현해 볼까? 눔은 화상 채팅 애플리케이션이니까 뭐니 뭐니 해도 실시간 채팅 기능이 핵심이야. 실시간 채팅 기능을 구현하기 위해 우리는 웹소켓이라는 프로토콜을 사용해 볼 건데, 아마 꽤 재미있을 거야. 왠지 모르겠지만 나는 실시간 기능을 이용해서 만드는 게 정말 재미있더라. 그래서 여러분도 그 기분을 꼭 느껴봤으면 해. 기대해 줘. 일단 처음에는 익명으로 채팅을 주고받을 수 있게 해볼 거고, 그런 다음 닉네임을 추가하거나 채팅룸의 콘셉트를 잡는 순서로 차근차근 만들어 보자.

02-1 HTTP와 비교하면 이해되는 웹소켓

실시간^{real-time} 기능을 구현하려면 무엇이 필요한지 먼저 알아보자. 우리가 사용할 도구는 바로 '웹소켓'이야. 실시간 채팅, 알람 등의 기능은 모두 웹소켓으로 손쉽게 구현할 수 있어. 이해를 돕기 위해 우리에게 비교적 친숙한 HTTP^{hypertext transfer protocol}라는 프로토콜과 비교해 가며 웹소켓을 설명하려고 해.

액션 01 HTTP 살펴보기

HTTP는 인터넷으로 데이터를 주고받는 일종의 규약^{protocol}인데, 우리가 아는 대부분의 서버들이 HTTP 방식을 기반으로 작동해. 사용자(클라이언트)가 요청을 보내면 서버가 그에 대한 응답을 제공하고, 사용자가 또 다른 요청을 보내면 다시 서버가 그에 대한 응답을 제공하는 방식이지. 이미 우리는 HTTP 방식으로 코드를 작성한 적이 있어. 앞서 작성했던 코드를 다시 보자.

> **확인해 보자!** ./src/server.js

```
(...생략...)
app.set("view engine", "pug");
app.set("views", __dirname + "/views");
app.use("/public", express.static(__dirname + "/public"));
app.get("/", (req, res) => res.render("home"));
app.get("/*", (req, res) => res.redirect("/"));    사용자의 요청을 처리하는 코드야!
(...생략...)
```

코드에서 **app.get** 메서드가 사용된 부분을 봐. 사용자가 홈(/)으로 GET 요청을 보내면 서버는 **res.render** 메서드로 home 템플릿을 제공하고, 사용자가 홈(/)이 아닌 다른 주소로 GET 요청을 보내더라도 홈으로 리다이렉션(우회)하도록 설정했어. 서버를 구현해 본 경험이 있다면 이런 식의 동작이 익숙할 거야.

HTTP의 중요한 특징은 stateless야. stateless란, 사용자와 서버가 요청과 응답을 주고받은 이후에는 서버가 사용자를 기억하지 않고 잊어버린다는 뜻이지. 사용자에게 응답을 주고 나

40 **Do it!** 클론 코딩 줌

면, 서버는 단지 다음 요청을 기다릴 뿐이야. 요청을 보내는 사용자가 누구인지는 중요하지 않지. 만일 사용자가 서버에게 자신이 누구인지 정보를 제공하고 싶다면, 사용자가 의도적으로 정보를 포함해서 요청을 보내야 해.

액션 02 HTTP와 웹소켓의 차이 이해하기

stateless라는 특징 때문에 HTTP에서는 실시간 기능을 구현하기가 어려워. HTTP 방식에서 서버는 사용자의 요청이 있을 때에만 응답을 줄 수 있고, 응답을 주고 나서는 사용자가 누구인지 잊어버리고 마니까.

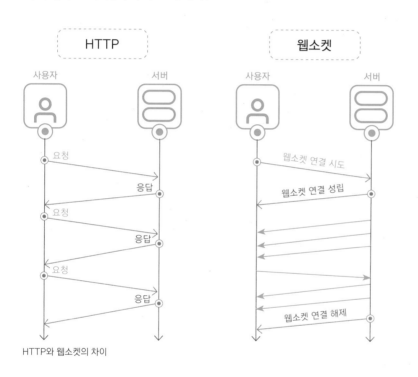

HTTP와 웹소켓의 차이

웹소켓은 HTTP와 다른 방식으로 동작하는 프로토콜이야. 웹소켓은 마치 서로 악수를 하는 것처럼 사용자와 서버를 연결해 줘. 웹소켓에서는 이런 악수가 한 번 성립되면 서로 간에 연결이 이루어진 상태가 돼. 사용자와 서버가 서로 손을 잡고 있는 상태 말이야. 이 상태에서 서버는 사용자가 누구인지도 알고 있고, 원한다면 서버가 사용자에게 메시지를 보낼 수도 있어. 사용자의 요청을 기다려야만 하는 게 아니라 어느 때나 서버가 먼저 메시지를 보낼 수 있다는 말이지. 이렇게 서로에게 바로 갈 수 있는 양방향 연결이 되어 있어서 웹소켓을 이용하면 우리가 원하는 실시간 기능을 얼마든지 구현할 수 있어. 어때, 멋지지 않아?

02-2 웹소켓 설치하고 서버 만들기

앞서 Node.js를 이용해 서버의 기본 틀을 구축해 두었지? 이제 서버가 웹소켓 프로토콜 방식으로 동작할 수 있게 만들 거야. 그러기 위해서 웹소켓 방식의 규칙이나 핵심 기능을 제공하는 패키지를 서버에 설치하고, 그 패키지를 활용해 가며 우리가 원하는 기능을 구현해 볼 거야.

액션 01 ws 패키지 설치하기

우리가 웹소켓을 위해 처음으로 사용해 볼 패키지는 바로 ws야! ws는 웹소켓의 규칙에 맞게 구현한 핵심 기능을 제공하는 간편하고, 빠르고, 안정된 패키지야. ws 패키지를 이용해 웹소켓의 핵심을 이해하고, 웹소켓 기반으로 동작하는 라이브러리를 사용하는 게 우리의 최종 목표야. 그러니 확실하게 공부하도록! 자, 그러면 이제 ws를 설치해 보자고. 터미널에 명령어를 입력하면 돼.

```
터미널                                                          − □ ×
> npm i ws
```

설치를 마쳤으면 바로 서버를 만들어 보자.

액션 02 웹소켓 프로토콜 추가하기

프로젝트의 server.js에서는 이미 express를 이용해 서버를 만들고 있지? express는 HTTP를 기반으로 동작하기 때문에 우리가 추가하려는 ws와 프로토콜이 서로 달라. 따라서 우리는 express 서버에 ws 패키지의 기능을 합치는 방식으로 서버를 완성할 거야. express와 ws를 합침으로써 우리 서버가 두 프로토콜의 방식을 모두 사용할 수 있게 만드는 거지. 코드를 수정해 보자.

```
수정해 보자!  ./src/server.js
import http from "http";
import WebSocket from "ws";
import express from "express";
```

```
const app = express();

app.set("view engine", "pug");
app.set("views", __dirname + "/views");
app.use("/public", express.static(__dirname + "/public"));
app.get("/", (req, res) => res.render("home"));
app.get("/*", (req, res) => res.redirect("/"));

const handleListen = () => console.log("Listening on http://localhost:3000");
app.listen(3000, handleListen);
const server = http.createServer(app);
const wss = new WebSocket.Server({ server });


server.listen(3000, handleListen);
```

http.createServer(app) 코드를 주목해 줘. Node.js에 기본으로 내장된 HTTP 패키지를 사용해서 express로 만든 서버 애플리케이션을 제공하고 있어. listen 메서드를 사용해서 바로 express 서버를 제공할 수도 있는데, 굳이 이런 방식을 사용한 이유는 나중에 서버에 웹소켓 프로토콜을 추가하기 위해서야. new WebSocket.Server({ server })가 바로 그 코드지. 웹소켓 서버를 생성하면서 여기에 HTTP 서버를 전달하고 있어. 웹소켓 서버를 만들 때 반드시 이런 식으로 서버를 전달해 주어야 하는 것은 아니지만, HTTP와 웹소켓 프로토콜을 하나의 포트에서 모두 사용하려고 HTTP 서버 위에 웹소켓 서버를 추가로 만들어 준 거야.

▶ 여기에서는 2가지 프로토콜을 모두 사용하려는 목적 때문에 웹소켓 서버를 생성할 때 HTTP 서버를 추가했지만, 이는 필수가 아닙니다. 원한다면 사용자는 단 한 가지 프로토콜만 사용하는 서버를 만들 수도 있습니다.

 액션 03 서버 실행하기
이제 서버를 다시 열어 보자.

터미널   — □ ×

> npm run dev

명령어를 실행하고 localhost:3000에 다시 접속해 보면, 화면은 여전히 다음과 같은 상태일 거야.

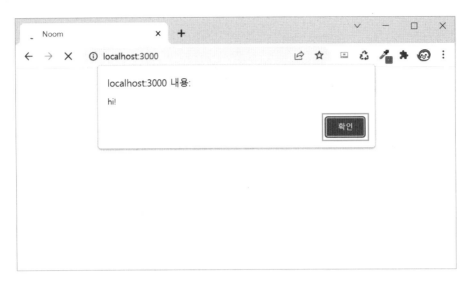

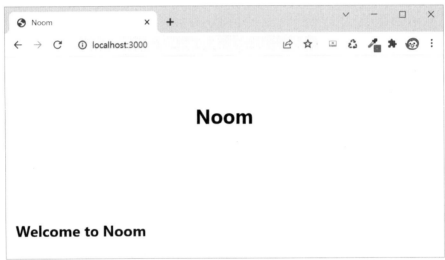

서버 실행 화면

브라우저를 열었을 때 달라진 것은 아무것도 없어. 그렇다고 할지라도 우리 서버는 HTTP, 웹
소켓이라는 2개의 프로토콜을 이해할 수 있게 됐다는 말씀! HTTP 서버를 만들고 그 위에 웹
소켓 서버를 만듦으로써 말이야. 이제 HTTP 서버는 사용자에게 뷰 엔진을 이용해 만든 뷰,
정적 파일, 리다이렉션 등을 제공하기 위해 사용될 거고, 웹소켓 서버는 실시간 채팅 기능을
제공하기 위해 사용될 거야.

02-3 웹소켓 이벤트

웹소켓 서버를 만들었으니, ws 패키지를 사용해서 서버와 사용자 사이의 첫 번째 연결을 만들어 볼 거야. 연결이 성립되면, 웹소켓은 이벤트가 발생할 때마다 즉각 우리에게 반응을 보여 줄 수 있어. 생각보다 무척 간단하고 쉬우니까, 코딩부터 테스트까지 척척 진행해 보자!

액션 01 웹소켓 이벤트 이해하기

웹소켓은 동작 방식이나 처리 방법 등에서 HTTP와 조금 다르지만, 아마 코드를 작성하다 보면 그리 낯설게 느껴지지는 않을 거야. 왜냐고? 예를 하나 들어 보자. 프런트엔드에서 화면에 버튼을 추가하고 이에 대한 클릭 이벤트를 처리할 때, 다음과 비슷한 유형의 코드를 사용해 본 경험이 있을 거야.

코드 예

```
btn.addEventListener("click", function);
```

addEventListener는 이벤트명과 콜백 함수를 인자로 전달받아 해당 이벤트가 발생하면 콜백을 호출하도록 만들 수 있는 메서드야. 이런 걸 두고 보통 '이벤트를 핸들링한다'고 표현하는데, 웹소켓에도 이벤트가 있고, 이벤트가 발생할 때 사용할 함수를 미리 정의함으로써 이벤트 핸들링을 할 수 있어. 프로그래머가 할 일은 웹소켓에서 발생할 수 있는 이벤트에 적절한 콜백 함수를 정의해 주는 거야. 유노 조교가 다음처럼 웹소켓 서버에서 발생할 수 있는 이벤트를 표로 정리해 두었으니 참고하길 바랄게.

이벤트명	설명
close	서버가 닫혔을 때 발생합니다.
connection	서비와 사용자 간의 연결이 성립되었을 때 발생합니다.
error	연결되어 있는 서버에서 오류가 생겼을 때 발생합니다.
headers	서버의 응답 헤더가 소켓에 기록되기 전에 발생합니다.
listening	연결되어 있는 서버가 바인딩되었을 때 발생합니다.

웹소켓 이벤트 핸들링하기

가장 먼저 connection 이벤트를 살펴볼 거야. connection은 누군가가 우리 서버와 연결했다는 의미야. server.js에 코드를 추가해 보자.

```
수정해 보자!   ./src/server.js

(...생략...)
const server = http.createServer(app);
const wss = new WebSocket.Server({ server });

function handleConnection(socket){
  console.log(socket)
}

wss.on("connection", handleConnection)

server.listen(3000, handleListen);
```

웹소켓 서버 wss의 on 메서드는 첫 번째 인자에 적혀 있는 이벤트가 발생하길 기다렸다가, 이벤트가 발생하면 두 번째 인자에 적혀 있는 콜백 함수 handleConnection을 호출해 줘. 그런데 handleConnection을 정의할 때 매개변수가 하나 추가된 게 보이지? on 메서드는 콜백 함수에 소켓을 넘겨주기 때문에 매개변수 socket은 그것을 받으려고 정의한 거야. 여기에서 소켓이란, 사용자와 서버 사이의 연결 또는 그에 대한 정보를 의미하는데, 이걸 이용하면 메시지 주고받기를 구현할 수 있어. 그 전에 console.log(socket)을 통해 소켓을 확인하는 작업부터 해보자.

서버 실행하기

소켓을 확인하려면 connection 이벤트가 발생해야 해. 즉, 어떤 대상과 연결이 이루어져야 해. 연결이 없으면? connection 이벤트는 절대로 발생하지 않아. 일단 서버를 실행해 두자.

```
터미널                                                          − □ ×

> npm run dev
```

▶ 이미 서버를 실행했다면 다시 시작하지 않아도 괜찮습니다.

그리고 브라우저를 열어 localhost:3000에 접속해 봐. 어때? 아무 일도 일어나지 않지? 터미널에는 여전히 express 서버가 보내 주는 내용만 출력되고 있을 거야.

```
[nodemon] 2.0.15
[nodemon] to restart at any time, enter `rs`
[nodemon] watching path(s): *.*
[nodemon] watching extensions: js,mjs,json
[nodemon] starting `babel-node src/server.js`
Listening on http://localhost:3000
```

터미널 화면

이제 우리가 할 일은? 맞아! 우리가 사용자 입장이 되어서 서버에 연결되도록 시도해야 해. 그러려면 사용자가 웹소켓 프로토콜로 서버에 연결되도록 프런트엔드 코드를 수정해야 돼.

액션 04 app.js 수정하기

프로젝트에서 app.js 파일을 열면 alert("hi!");만 덩그러니 쓰여 있지? 그걸 지우고 새로운 코드를 작성해 보자.

수정해 보자! ./src/public/js/app.js

```
alert("hi!");
const socket = new WebSocket("http://localhost:3000");
```

자바스크립트 내장 객체 WebSocket을 이용해 소켓을 생성하는데, 이때 생성자 함수에 인자로 접속하고자 하는 URL을 전달하고 있어. 우리가 만든 서버의 주소가 localhost:3000이니까 일단 여기에는 그 주소를 써주었지. 수정을 마쳤다면 브라우저에서 localhost:3000에 다시 접속하고, 단축키 Ctrl + Alt + I 또는 F12 를 눌러서 개발자 도구의 콘솔 창을 열어 보자.

```
❌ ▶ Uncaught DOMException: Failed to          app.js:1
   construct 'WebSocket': The URL's scheme must be
   either 'ws' or 'wss'. 'http' is not allowed.
      at http://localhost:3000/public/js/app.js:1:16
 >
```

프로토콜이 일치하지 않는다.

놀랐지? 콘솔을 확인하면 아마 앞과 같은 오류가 발생한 걸 볼 수 있을 거야. 오류가 발생하는 이유는 다름 아닌 프로토콜이 일치하지 않아서야. 웹소켓 프로토콜을 이용해서 메시지를 주고받는 게 우리의 목적인데, 소켓을 생성할 때 HTTP 주소를 입력했기에 이런 문제가 생긴 거지. 그럼 바로 이 문제를 해결해 보자. 프로토콜을 바꿀 거고, 주소도 더 유연한 형태로 수정해 볼 거야.

./src/public/js/app.js

```
const socket = new WebSocket("http://localhost:3000");
const socket = new WebSocket(`ws://${window.location.host}`);
```

▶ 이번 수정에서는 백틱(`)을 이용한 템플릿 리터럴을 활용했습니다.

프로토콜을 http에서 ws로 변경했어. 웹소켓 서버에 접근할 수 있게 해준 거지. 추가로 주소를 직접 쓰지 않고 window 객체에서 속성값을 읽는 형태로 바꿔 준 것도 눈에 띌 거야. window.location.host는 이름 그대로 접속한 장소(URL)의 호스트를 반환해 주는 속성인데, 이걸 사용하면 PC뿐 아니라 태블릿이나 모바일에서 접속하더라도 우리가 어디에 있는지를 바로 확인할 수 있어. 간편하지?

액션
05
connection 이벤트 발생 및 소켓 확인하기
그럼 이제 다시 페이지를 새로 고침 해봐. 콘솔에 표시되던 오류가 사라질 거야.

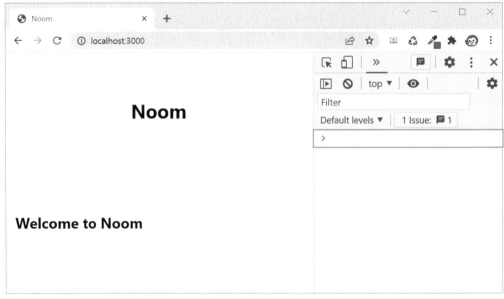

오류가 사라진 콘솔 화면

이제 아무 오류가 없으니 비주얼 스튜디오 코드 터미널에서 소켓이 출력되고 있는지 확인해
보자.

```
PROBLEMS    OUTPUT    DEBUG CONSOLE    TERMINAL              powershell  + ∨  ⬚  🗑  ∧  ✕

                                                      WebSocket  Aa ab .*  ↑  ↓  ✕

<ref *1> WebSocket {
  _events: [Object: null prototype] { close: [Function (anonymous)] }
,
  _eventsCount: 1,
  _maxListeners: undefined,
  _binaryType: 'nodebuffer',
  _closeCode: 1006,
  _closeFrameReceived: false,
  _closeFrameSent: false,
  _closeMessage: <Buffer >,
  _closeTimer: null,
  _extensions: {},
  _paused: false,
  _protocol: '',
  _readyState: 1,
  _receiver: Receiver {
    _writableState: WritableState {
      objectMode: false,
      highWaterMark: 16384,
      finalCalled: false,
      needDrain: false,
      ending: false,
```

소켓 출력

▶ 터미널에는 항목이 많으니 WebSocket을 바로 찾으려면 Ctrl + F 를 누르고, 'WebSocket'을 검색해 볼 길 바라!

handleConnection 함수 내부에 작성한 console.log(socket)에 의해 소켓이 출력되고 있어!
그 말인즉 connection 이벤트가 발생했다는 뜻이야. 코드에 문제가 없다면 이제부터는 브라
우저에서 localhost:3000에 접속할 때마다 연결이 이루어지면서 connection 이벤트가 발생
할 거야.

그나저나 콘솔에 출력된 내용이 무척 길지? 이 아름답고 이상한 것이 바로 소켓인데, 여기에
는 다양한 기능과 정보가 들어 있어서 출력되는 내용도 긴 거야. 이제 소켓이 잘 전달되는 것
을 확인했으니까, 이걸 이용해서 메시지 주고받기를 구현해 보자.

02-4 메시지 주고받기

웹소켓 서버를 만들고 사용자와 서버 간의 연결이 이루어져 소켓을 전달받는 과정까지 잘 따라왔지? 이제 소켓을 활용해 메시지 주고받는 과정을 진행해 보자. 그러기 위해서 프런트엔드와 서버를 번갈아 보며 코드를 수정할 텐데, 집중해서 잘 따라와 주길 바랄게.

액션 01 server.js 수정하기

메시지를 주고받기 전에 기존 코드를 좀 더 직관적이고 깔끔한 형태로 수정해 보자.

수정해 보자! ./src/server.js

```
(...생략...)
const server = http.createServer(app);
const wss = new WebSocket.Server({ server });

function handleConnection(socket){
  console.log(socket)
}

wss.on("connection", handleConnection)

wss.on("connection", (socket) => {      이벤트 처리를 위한 콜백 함수가 on 메서드 안으로 들어온 거야!
  console.log(socket);
})

server.listen(3000, handleListen);
```

handleConnection 함수를 먼저 선언한 다음 on 메서드에 인자로 전달하는 대신, 같은 역할을 하는 익명 함수를 만들어 on 메서드에 포함되는 형태로 변경했어. 이렇게 하면 connection 이벤트가 발생했을 때 소켓을 받는다는 걸 좀 더 직관적으로 표현할 수 있어. 앞으로 기능을 추가할 테니까 이 방식을 사용하는 게 더 편할 거야.

액션 02 사용자에게 메시지 보내기

이제 소켓을 이용해 사용자에게 메시지를 보내 보자. 지금 우리에게는 브라우저가 곧 사용자 역할을 하니까 브라우저에게 "hello!!"라는 메시지를 보내 볼 거야. 소켓에 있는 메서드를 사용해 보자. 웹소켓 서버에 있는 메서드가 아니라 이벤트가 발생할 때 전달받는 소켓 말이야.

> **수정해 보자!** ./src/server.js

```
(...생략...)
const server = http.createServer(app);
const wss = new WebSocket.Server({ server });

wss.on("connection", (socket) => {
  console.log(socket);
  console.log("Connected to Browser");
  socket.send("hello!!");
})

server.listen(3000, handleListen);
```

우리의 연결을 뜻하는 **socket**은 send 메서드를 이용해 메시지를 보낼 수 있어. server.js는 서버 쪽 코드이니까 서버가 사용자에게 메시지를 보내겠지? 그러나 이 코드가 잘 동작한다고 해도 아직 사용자는 메시지를 확인할 수 없어. 브라우저를 다시 열어 볼까?

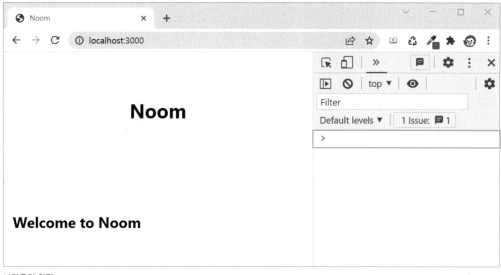

브라우저 화면

이것 봐. 브라우저 어디에서도 "hello!!"는 볼 수 없어. 왜냐면 아직 프런트엔드에서는 소켓과 관련해 아무것도 해주지 않았기 때문이야.

app.js 수정하기

서버에서 보낸 메시지를 확인할 수 있도록 프런트엔드 코드를 추가해 보자. app.js를 수정할 거야. 사용자 입장에서는 메시지가 전송되는 것 또한 하나의 이벤트라고 할 수 있으니까, 우리가 할 일은 사용자 쪽의 소켓 객체가 이벤트를 처리할 수 있도록 해주는 거야. 다음과 같이 코드를 수정하자.

수정해 보자! ./src/public/js/app.js

```
const socket = new WebSocket(`ws://${window.location.host}`);

socket.addEventListener("open", () => {
  console.log("Connected to Server");
})

socket.addEventListener("message", (message) => {
  console.log("Just got this:", message, "from the server");
})

socket.addEventListener("close", () => {
  console.log("Disconnected from Server");
})
```

프런트엔드 쪽 소켓을 이용해 이벤트 3개를 각각 처리하고 있어. open 이벤트는 서버에 연결되었을 때를 의미하는데, 이때는 "Connected to Server" 메시지를 콘솔에 출력할 거야. message 이벤트는 이름 그대로 메시지가 전달되었을 때를 의미하고, 이때 사용자는 메시지를 전달받아서 이를 콘솔에 출력할 거야. 마지막 close 이벤트는 서버가 오프라인이 되었을 때를 의미하고, 이때도 콘솔에 메시지를 출력하도록 만들었어. 그럼 이제 동작이 어떻게 진행되는지 순서대로 살펴보자.

▶ server.js의 소켓과 app.js의 소켓은 웹소켓 방식의 연결을 의미한다는 점에서 같지만, 사용한 파일과 생성 방법이 서로 달라 그 사용법도 어느 정도 다르다는 점을 알아야 합니다.

액션 04 서버 연결하고 메시지 읽기

서버는 잘 실행되고 있지? 혹시 실행 종료해 두었다면 다시 실행해 주고, 그런 다음 브라우저로 돌아가자. localhost:3000에 다시 접속하면 뭔가 새로운 메시지가 콘솔에 출력될 거야.

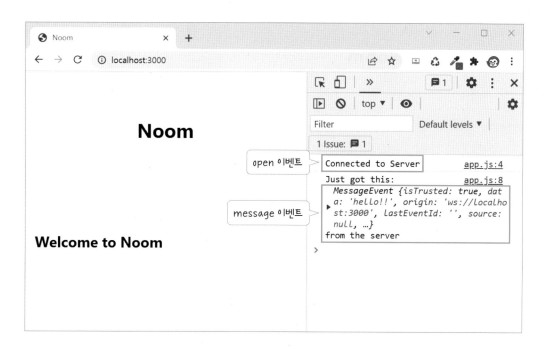

addEventListener 메서드를 통해 open 이벤트가 발생하면 "Connected to Server"를 출력하겠다고 정해 두었지? 그대로 됐어. 그리고 아래에는 정체 모를 긴 객체가 출력되고 있는데, 이건 message 이벤트로 출력된 결과물이야. message 이벤트는 다름 아닌 server.js의 socket.send("hello!!") 코드를 통해 전달된 메시지 때문에 발생한 것이고, 이 안에서 우린 "hello!!" 메시지를 발견할 수 있어. message 이벤트 부분만 살짝 수정해 볼까?

수정해 보자! ./src/public/js/app.js

```
(...생략...)
socket.addEventListener("message", (message) => {
  console.log("Just got this:", message.data, "from the server");
})
(...생략...)
```

> message 객체의 data 속성은 전달된 메시지를 반환해!

콜백 함수에 전달된 객체에서 메시지만 콕 집어 확인할 수 있게 만들었어. 결과를 보자.

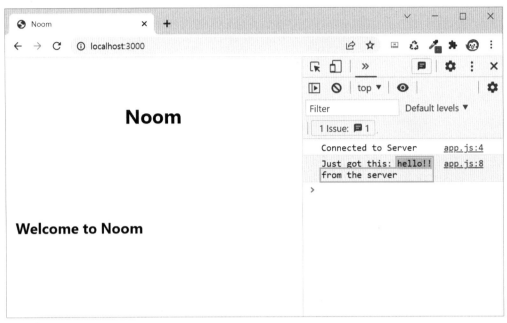

메시지 출력

짠! 멋지지? 서버에서 받은 메시지를 사용자가 확인하는 데 성공했어.

액션
05 서버 종료하기

이번에는 서버를 종료해서 오프라인 상태로 만들어 보자. 서버의 상태를 알아야 하니까 터미널에서 현재 서버 쪽 콘솔을 먼저 확인해 볼게.

```
[nodemon] restarting due to changes...
[nodemon] starting `babel-node src/server.js`
Listening on http://localhost:3000
Connected to Browser
Connected to Browser
```

서버 쪽 콘솔 화면

소켓이 "hello!!" 메시지를 보낼 때마다 "Connected to Browser"를 콘솔에 출력하고 있는데, 이제 터미널 화면에서 Ctrl + C 를 입력해 작업을 종료해 보자.

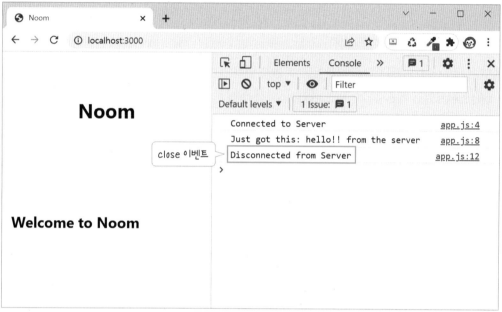

터미널 — □ ×

^C — 터미널이 명령 행 상태로 변경되어야 해!
일괄 작업을 끝내시겠습니까 (Y/N)? Y
>

그런 다음 브라우저로 돌아가 브라우저의 콘솔을 확인해 봐.

Noom × +

← → C ① localhost:3000

Noom

close 이벤트 ⟶

Welcome to Noom

Elements   Console   »   🚩 1   ✱   ⋮   ×

▶️ 🚫 │ top ▼ │ 👁 │ Filter

Default levels ▼ │ 1 Issue: 🚩 1

Connected to Server   app.js:4
Just got this: hello!! from the server   app.js:8
Disconnected from Server   app.js:12
>

연결 해제

서버와 연결이 해제되었음을 알려 주는 메시지가 콘솔에 표시되었어. 연결이 성립되고, 메시지를 주고받고, 또 해제되는 과정까지 완벽하게 진행되고 있는 거지. 그리고 이 모든 것은 이벤트가 발생하면 처리하는 이벤트 핸들링 방식으로 진행되고 있다는 거, 알고 있지?

액션 06 서버 쪽 close 이벤트 처리하기
프런트엔드에서 addEventListener를 이용해 이벤트를 처리해 주는 것처럼, 서버에서도 비슷한 작업을 해보자. 메시지는 서버가 사용자에게 일방적으로 전달하는 것이 아니라 서로 주고받을 수 있어야 하니까. server.js를 수정해 보자.

./src/server.js

```
(...생략...)
wss.on("connection", (socket) => {
  console.log("Connected to Browser");
  socket.on("close", () => console.log("Disconnected from Browser"));
  socket.send("hello!!");
})
(...생략...)
```

서버 쪽 소켓에서도 close 이벤트를 처리하고 있어. 프런트엔드와 마찬가지로 여기에서 사용한 close도 연결이 해제되었음을 의미하는 이벤트인데, 차이가 있다면 서버 쪽에서는 브라우저가 종료되었을 때가 close라는 점이야. 아까 전에 종료했던 서버를 다시 실행해.

터미널

```
> npm run dev
```

명령어를 실행하고 다시 브라우저를 열면, 역시나 서버에서 보낸 메시지가 잘 출력되고 있을 거야.

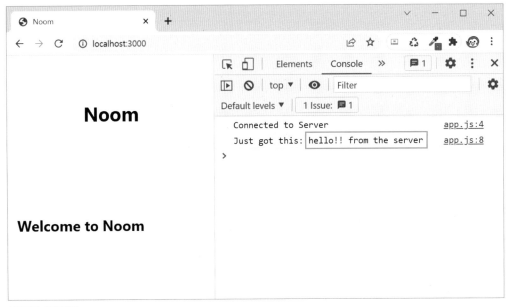

브라우저 실행 화면

서버 쪽 close 이벤트를 확인하기 위해서 브라우저에서 localhost:3000에 접속하고 열린 탭을 종료해 보자. 아니면 브라우저 자체를 아예 닫아 버려도 좋아. 그런 다음 서버 쪽 콘솔을 확인해 봐.

브라우저와 연결이 끊겼고, 이에 따른 결과가 콘솔에 출력되었어. 서버가 오프라인이 되면 브라우저 콘솔에서 확인할 수 있고, 반대로 브라우저가 오프라인이 되면 서버 쪽 콘솔에서 확인할 수 있어. 정말 멋지지 않아?

액션 07 | 사용자 메시지 보내기

이제 우리는 사용자와 서버를 서로 연결할 수 있고, 그 연결을 해제할 수 있어. 그리고 서버가 사용자에게 메시지를 보내도록 할 수도 있지. 그런데 아직 해보지 못한 게 있지? 맞아. 이번에는 사용자가 서버에게 메시지를 보내는 걸 해볼 차례야. app.js의 맨 아래에 코드를 추가해 보자.

수정해 보자! ./src/public/js/app.js

```
(...생략...)
setTimeout(() => {
  socket.send("hello from browser!");
}, 5000);
```

일단 메시지가 잘 전달되는지 확인하기 위해서 시간차를 두고 이를 실행해 보려고 해. setTimeout 메서드를 이용해 5000밀리초 뒤에 메시지를 보낼 거야. 5000밀리초는 5초니까, 5초 뒤에 브라우저를 열면 서버에게 메시지를 보내게 되겠지? 이어서 메시지를 받는 서버 쪽 코드도 조금 수정해 보자.

```
(...생략...)
wss.on("connection", (socket) => {
  console.log("Connected to Browser");
  socket.on("close", () => console.log("Disconnected from Browser"));
  socket.on("message", (message) => {
    console.log(`${message}`)
  });
  socket.send("hello!!");
})
(...생략...)
```

사용자가 보낸 메시지가 서버에 전달되면, 이 또한 이벤트겠지? 그래서 message 이벤트에 대한 처리를 추가로 작성했어. 이벤트가 발생하면 콜백 함수는 메시지를 전달받아 콘솔에 출력해 줄 거야.

액션 08 메시지 전달 확인하기

서버가 실행되고 있는 상태에서 브라우저를 새로 열어 localhost:3000에 다시 접속해.

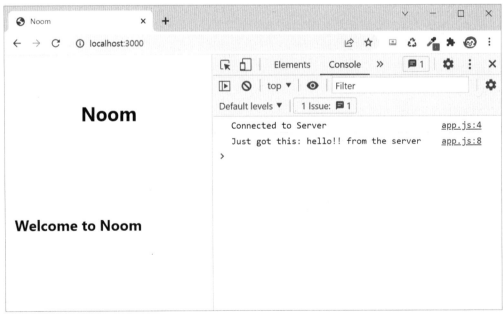

브라우저 실행 화면

브라우저가 열렸으면, 곧장 서버 쪽 콘솔을 확인해 봐. 여기에서 5초를 기다리면 사용자에게서 전달된 메시지가 출력될 거야.

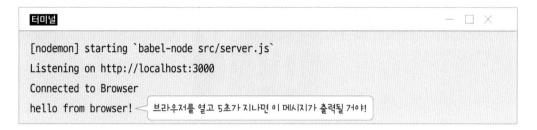

여기까지 성공했어? 좋아, 잘 하고 있어! 이제 우리는 서버와 사용자 간의 메시지 주고받기를 할 수 있게 됐어. 이 과정이 조금 복잡하게 느껴졌을지도 모르지만, 사실 우리는 단지 웹소켓 프로토콜에 기반한 연결에서 발생하는 여러 이벤트를 각각 처리하는 작업을 해줌으로써 완성한 거야. 지금까지 과정을 다시 한번 천천히 돌아보면 이해하기 어렵지 않을 거라 생각해. 이제 진짜로 채팅 앱을 만들 준비가 된 것 같네. 수고 많았고, 다음 장에서는 실제로 메시지를 보내고 받아 가면서 화면에 보여 주는 기능을 추가해 보자.

03

실시간 채팅 완성하기

- -

단순히 서버와 사용자 간의 연결이 이루어지고 메시지가 읽히는 걸 확인했다고 해서 그것을 채팅 앱이라고 할 순 없겠지? 이 장에서는 브라우저 화면에서 사용자 여러 명이 메시지를 직접 입력해 보내거나 확인할 수 있게 만들고, 메시지를 보내는 사람의 별명을 설정해 사용자를 구분하는 기능까지도 한번 만들어 볼 거야. 그 정도는 되어야 진짜 채팅 앱이라고 할 수 있지! 안 그래?

03-1 채팅 기능 준비하기

브라우저 화면에 입력 필드와 목록을 만들고, 메시지를 주고받은 결과를 바로바로 표시할 수 있게 해보자. 서버 실행해 두는 거 잊지 말고.

액션 01 웹 요소 추가하기

자, 그럼 HTML로 돌아가 보자. 우리는 뷰 엔진 pug를 이용해서 HTML 문서를 만드는 중이었지? home.pug를 수정해 입력 폼(양식)과 메시지 목록을 만들어 보자.

```
수정해 보자!  ./src/views/home.pug

doctype html
html(lang="en")
  head
    meta(charset="UTF-8")
    meta(http-equiv="X-UA-Compatible", content="IE=edge")
    meta(name="viewport", content="width=device-width, initial-scale=1.0")
    title Noom
    link(rel="stylesheet", href="https://unpkg.com/mvp.css")
  body
    header
      h1 Noom
    main
      h2 Welcome to Noom
      ul
      form
        input(type="text", placeholder="write a msg", required)
        button Send
    script(src="/public/js/app.js")
```

HTML에서는 type, placeholder와 같은 특성을 추가할 때 태그 안에 작성해야 하지만, pug 에서는 이렇게 괄호 안에 작성해 주는 게 맞아. 입력 폼 form에는 입력 필드 input과 submit

이벤트를 발생시키는 button이 하나씩 있는데, ul에는 아무것도 없지? 이 목록은 메시지를 받을 때마다 자바스크립트를 이용해서 채울 거야.

액션 02 form 이벤트 등록하기

추가한 웹 요소 중 form에 대한 이벤트를 등록해 보자. form에 텍스트를 입력하고 그것을 전송하면 submit 이벤트가 발생하는데, 그때 어떤 일이 일어나길 바라는지 정의하는 거야. 그 전에 우리가 이전에 만들어 둔 5초 지연 메시지는 지우고 작성하자.

수정해 보자! **./src/public/js/app.js**

```
const messageList = document.querySelector("ul");
const messageForm = document.querySelector("form");
const socket = new WebSocket(`ws://${window.location.host}`);

socket.addEventListener("open", () => {
  console.log("Connected to Server");
})

socket.addEventListener("message", (message) => {
  console.log("Just got this:", message.data, "from the server");
})

socket.addEventListener("close", () => {
  console.log("Disconnected from Server");
})

setTimeout(() => {
  socket.send("hello from browser!");     ← 5초 지연 메시지는 삭제해.
}, 5000);

function handleSubmit(event){
  event.preventDefault();
  const input = messageForm.querySelector("input");
  socket.send(input.value);
  input.value = "";
}

messageForm.addEventListener("submit", handleSubmit);
```

요소에 이벤트 등록을 하려면 일단 요소를 선택해야겠지? querySelector 메서드를 사용해서 목록과 입력 폼을 각각 선택하고 적절한 이름(messageList와 messageForm)을 붙여 주었어. 그런 다음 handleSubmit이라는 함수를 만들어 입력 폼에서 submit 이벤트가 발생했을 때의 동작으로 등록했어. submit 이벤트가 발생할 때는 콜백 함수에 이벤트가 전달되니까, handleSubmit이 그것을 받을 수 있도록 매개변수를 추가했어. 일단 지금은 입력된 내용을 소켓을 이용해 전송함과 동시에 입력 필드의 내용을 지울 수 있게 만들어 둔 상태야.

▶ preventDefault는 이벤트를 취소하는 메서드로, 이벤트가 제공하는 원래 기능을 사용하지 않고자 할 때 주로 사용합니다.

액션 03 메시지 전송 확인하기

이제 브라우저를 열고 메시지를 전송해 보자.

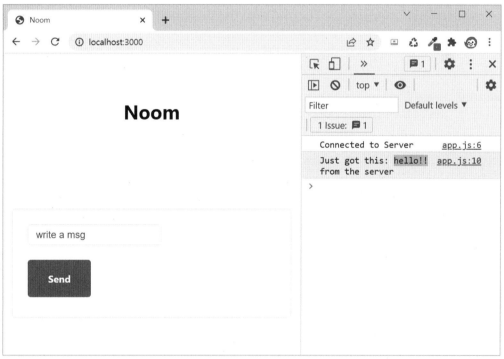

브라우저 실행 화면

입력 필드에 아무 메시지나 입력해 봐. 그리고 [Send] 버튼을 누르면 입력 필드의 내용이 지워질 거야.

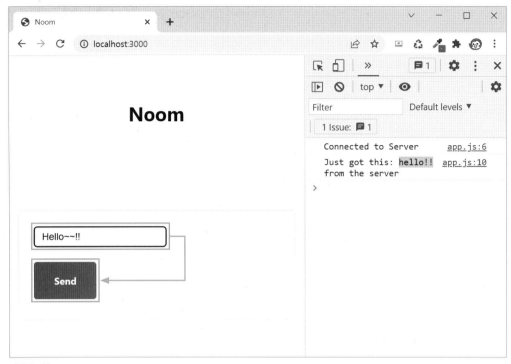

메시지 전송

우리는 프런트엔드에서 서버로 메시지를 보내기 위해 form을 추가했으니까, 메시지를 보낸 다음에는 터미널에서 서버 쪽 콘솔을 확인해 보면 돼.

```
[nodemon] starting `babel-node src/server.js`
Listening on http://localhost:3000
Connected to Browser
Hello~~!!
```

메시지 수신 성공

액션 04 메시지 돌려받기

서버가 완벽하게 작동하고 있어. 정말 멋지지 않아? 이제 서버에서 메시지를 받으면, 같은 메시지를 도로 전송해 주는 기능도 한번 추가해 보자. 일단 지금은 서버가 받은 메시지와 같은 메시지를 다시 사용자에게 보내 주는 걸로 하자.

```
수정해 보자!  ./src/server.js
```

```
(...생략...)
wss.on("connection", (socket) => {
  console.log("Connected to Browser");
  socket.on("close", () => console.log("Disconnected from Browser"));
  socket.on("message", (message) => {
    console.log(`${message}`)
    socket.send(`${message}`);
  });
  socket.send("hello!!");
})
(...생략...)
```

서버가 메시지를 받자마자 콜백 함수에서 다시 사용자에게 메시지를 보내 주는 거야. 받은 그
대로 다시 보내 주는 거지. 현재로서는 자기 자신과 대화하는 느낌일 뿐이긴 한데, 일단 테스
트해 보자. 브라우저를 새로 고침 해주고 콘솔 내용을 지운 다음 메시지를 보내 봐.

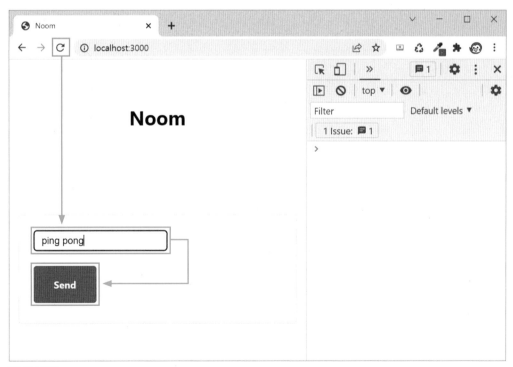

메시지 보내기

메시지를 보내자마자 브라우저 콘솔을 봐. 자신이 보낸 메시지가 다시 돌아온 것을 확인할 수 있을 거야. 마치 탁구를 치듯 내가 보낸 메시지를 상대방이 되받아친 느낌이지?

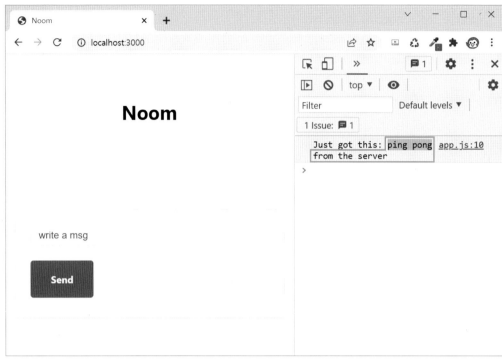

메시지가 다시 돌아옴

03-2 사용자 간 채팅하기

내가 보낸 메시지가 다시 내게 돌아오는 것을 확인했는데, 사실 이 기능은 그다지 쓸모 있어 보이지 않아. 다른 사람에게 메시지를 받은 게 아니니까. 그러니 이번에는 여러 사용자끼리 채팅하도록 만들어 보자.

액션 01 서로 다른 탭에서 메시지 보내기

사용자가 여러 명일 수 있다는 것을 확인하기 위해 브라우저에서 탭을 2개 열고 같은 주소에 접속해 보자.

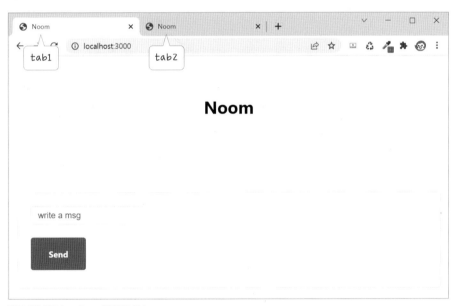

탭을 2개 열고 localhost:3000에 접속

시비에 접속한 사용자가 하나가 아닌 둘이 되었네. 첫 번째 탭을 tab1, 두 번째 탭을 tab2라고 하자. 그리고 각 탭에서 메시지를 보내면 어떻게 되는지 확인해 볼게. tab1에서는 "hello from tab1", tab2에서는 "안녕 나는 tab2야!"라는 메시지를 보낼 거야.

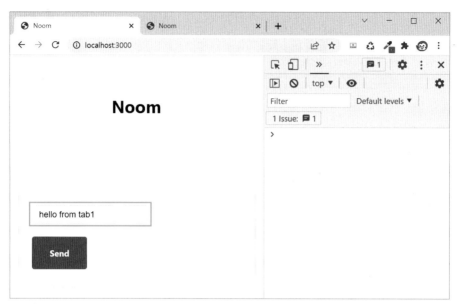

tab1에서 메시지 입력

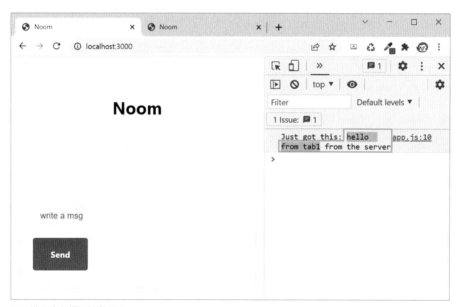

tab1에서 메시지를 전송한 결과

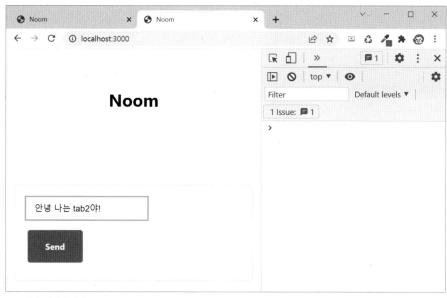

tab2에서 메시지 입력

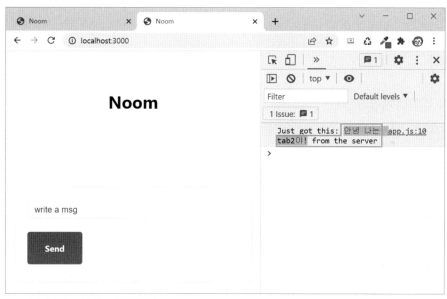

tab2에서 메시지를 전송한 결과

보다시피 한 개의 서버가 서로 다른 두 브라우저로부터 메시지를 받고 있고, 그 메시지에 각각 답장을 주고 있어. 하지만 서로 다른 두 브라우저는 아직 메시지를 주고받지 못해. 이 부분을 꼭 이해하고 넘어갈 필요가 있어. 우리가 작성한 서버의 코드를 다시 살펴보자.

```
(...생략...)
wss.on("connection", (socket) => {
  console.log("Connected to Browser");
  socket.on("close", () => console.log("Disconnected from Browser"));
  socket.on("message", (message) => {
    socket.send(`${message}`)
  });
})
(...생략...)
```

서버는 현재 tab1과 tab2 각각에 대해서 독립적으로 실행되고 있어. tab1에서 메시지를 보냈을 때 서버는 tab1에게 다시 메시지를 보내 주고, tab2에서 메시지를 보냈을 때는 tab2에게 다시 메시지를 보내 줘. 이게 가능한 이유는 tab1과 서버 사이에도, tab2와 서버 사이에도 웹 소켓이 생성되어 연결이 유지되고 있기 때문이야. 그리고 이제 우리가 원하는 건, tab1에서 메시지를 보냈을 때 그 메시지가 서버로 가서 tab2에도 전달될 수 있게 만드는 거야. 물론 그 반대도 가능해야 하고.

액션 02 가짜 데이터베이스 만들기

서로 다른 사용자 간의 메시지를 교환할 수 있게 만들려면, 우선 누가 연결되었는지를 알아야 해. 서버가 메시지를 받을 때마다 그 메시지를 보낸 사용자가 누구인지를 알아야 한다는 뜻이야. 현재로서는 우리가 그것을 알 수 있는 방법이 없어. 그래서 임시방편으로 '가짜 데이터베이스'를 만들어 활용해 볼 거야. 배열을 사용해 server.js에 추가할 거야.

```
(...생략...)
const server = http.createServer(app);
const wss = new WebSocket.Server({ server });

const sockets = [];

wss.on("connection", (socket) => {
  sockets.push(socket);
  console.log("Connected to Browser");
```

```
      socket.on("close", () => console.log("Disconnected from Browser"));
      socket.on("message", (message) => {
        socket.send(`${message}`);
      });
    })


    server.listen(3000, handleListen);
```

sockets라는 배열을 만들고, 웹소켓 서버에 connection 이벤트가 발생할 때마다 이 배열에는
생성된 소켓이 추가될 거야. push 메서드는 배열에 새로운 요소를 추가해 주거든. 만일 내가
브라우저에서 탭 2개를 열고 tab1에서 서버에 접속하면 tab1의 소켓을 sockets에 넣게 될
거야. 그리고 tab2에서 접속하면 tab2의 소켓을 sockets에 넣게 돼. 아주 단순한 데이터베
이스지?
배열에 소켓들이 들어 있으면, 어떤 사용자(예를 들어 tab1)에게서 메시지를 받았을 때 배열
에 들어 있는 다른 사용자(예를 들어 tab2)에게 메시지를 보내 줄 수가 있어.

액션 03 다른 사용자에게 메시지 전달하기

사용자에게 메시지를 전달받으면 다른 사용자 모두에게 해당 메시지를 보내 줄 수 있
어. 코드를 수정해 보자.

수정해 보자! ./src/server.js

```
(...생략...)
wss.on("connection", (socket) => {
  sockets.push(socket);
  console.log("Connected to Browser");
  socket.on("close", () => console.log("Disconnected from Browser"));
  socket.on("message", (message) => {
    sockets.forEach(aSocket => aSocket.send(`${message}`));
    socket.send(`${message}`);
  });
})
(...생략...)
```

forEach는 배열의 각 요소에 차례대로 접근해서 구문을 실행해 주는 메서드야. 여기에서는
message 이벤트가 발생할 때마다 sockets에 들어 있는 모든 소켓에 차례대로 접근해서 각자

에게 메시지를 보내고 있어. 그러면 한 사용자가 보낸 메시지를 서버에 접속한 다른 모든 사용자가 받을 수 있는 거야. 확인해 볼까?

액션 04 메시지 전송 확인하기
다시 브라우저로 돌아가서 탭 2개를 열고 각각 새로 고침 해봐. 먼저 tab1에서 메시지를 보내 보자.

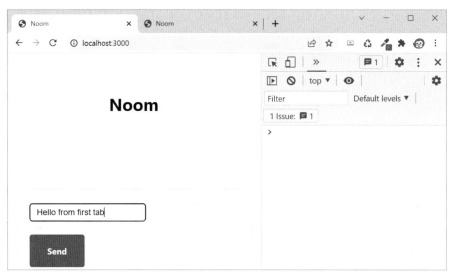

tab1에서 메시지 입력 후 전송

메시지를 보내면, 보낸 메시지가 서버로부터 재전송되어 콘솔에 출력되는 걸 볼 수 있을 거야.

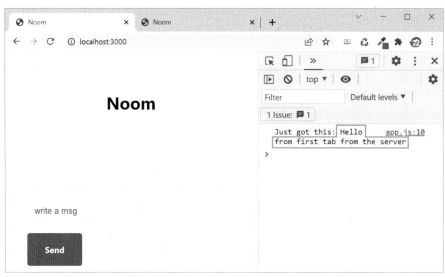

tab1에 메시지가 재전송됨

그런데 여기서 끝이 아니야. tab2를 한번 확인해 볼까? 분명히 메시지는 tab1에서 보냈는데 tab2에서도 같은 메시지를 확인할 수 있을 거야.

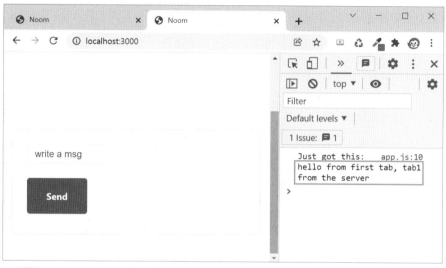

tab2 화면

이것 봐. 분명히 tab2로 이동했는데 tab1에서 보낸 메시지가 콘솔에 보여. 우리가 가짜 데이터베이스를 만들고 그것을 활용한 덕에 이런 동작이 가능해진 거야. 멋지지? 메시지 주고받기가 거의 완벽하게 동작하는 걸 확인했고, 이제 이걸 화면에다 표시하기만 하면 될 것 같아. 지금 이대로도 나쁘진 않지만, 콘솔에만 보여 주는 건 조금 아쉬운 게 사실이잖아?

액션 05 app.js 수정하기

이제 메시지를 화면에 보여 주는 함수를 만들어 보자. 우리는 home.pug에서 ul로 목록 요소를 만들어 둔 상태지만, 아직 쓰지는 않았어. 이제 메시지가 전송될 때마다 li 요소를 만들어 주고, 그 안에 메시지를 적은 다음, li를 ul 안으로 넣자. home.pug는 일단 그대로 두고 app.js를 수정하면 돼.

수정해 보자! `./src/public/js/app.js`

```
(...생략...)
socket.addEventListener("open", () => {
  console.log("Connected to Server");
})


socket.addEventListener("message", (message) => {
```

```
console.log("Just got this:", message.data, "from the server");
const li = document.createElement("li");
li.innerText = message.data;
messageList.append(li);
})

socket.addEventListener("close", () => {
  console.log("Disconnected from Server");
})
(...생략...)
```

이미 사용한 message 이벤트 처리 함수를 수정했어. 콘솔이 아닌 화면에 요소를 추가하기 위해
document.createElement 메서드를 사용했는데, 이 메서드는 이름 그대로 새로운 Element 객
체를 생성해 주는 역할을 해. 여기에선 li 요소를 생성하고 있지. 그리고 이렇게 생성된 요소의
텍스트 속성에 message.data를 대입해 주고 있어. 그러면 li 요소의 텍스트가 메시지 내용으
로 설정될 거야. 이렇게 만든 요소를 ul 안에 추가하면 끝이지. 그럼 확인해 보자. console.
log를 삭제했으니, 이제 브라우저에서 콘솔은 닫아도 되겠지?

_{액션} 06 브라우저에서 메시지 출력 확인하기

탭 2개를 열고, 이번에도 tab1에서 메시지를 입력하고 전송해 볼 거야. 전송하고 나서
는 tab1과 tab2, 두 탭을 모두 확인해 보면 돼.

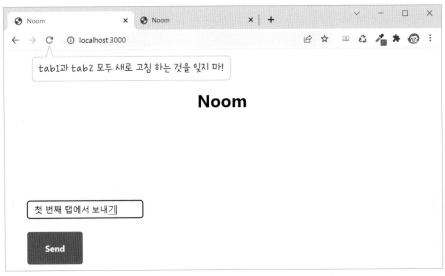

tab1에서 메시지 입력

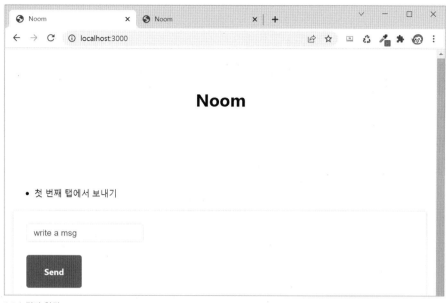

tab1 결과 화면

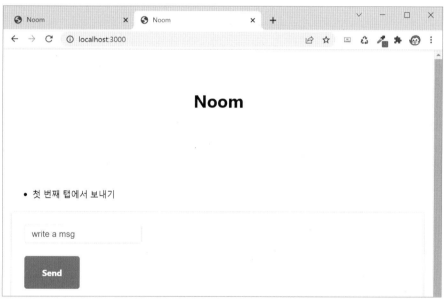

tab2 결과 화면

짠! tab1에서 보낸 메시지가 두 탭에서 모두 표시되고 있어. 이쯤에서 다시 한번 강조하고 싶은 사실은, 우리 서버가 두 사용자 모두와 소켓을 통해 연결되어 있다는 거야. tab1과 서버 사이에도, tab2와 서버 사이에도 웹소켓이 생성되어 연결이 유지되고 있다고 했던 것, 기억하지?

03-3 닉네임 추가하기 1

채팅 앱에 사용자가 여러 명 접속했을 때 의사소통을 원활하게 이어 가려면 서로 구별할 수 있어야 해. 지금 우리에겐 그런 장치가 전혀 없는데, 각각의 사용자에게 닉네임을 부여해 보자.

액션 01 **닉네임 폼 추가하기**

일단 사용자가 닉네임을 직접 입력할 수 있도록 폼을 추가해 보자. 당연히 home.pug에다 추가할 거야. 폼을 추가하면 폼이 2개가 되어 버리니까 서로 구별할 수 있도록 id까지 지정해 주자.

수정해 보자! `./src/views/home.pug`

```
(...생략...)
body
    header
        h1 Noom
    main
        form#nick
            input(type="text", placeholder="choose a nickname", required)
            button Save
        ul
        form#message
            input(type="text", placeholder="write a msg", required)
            button Send
        script(src="/public/js/app.js")
```

앞으로는 각 폼에서 서로 다른 목적의 데이터가 입력되겠지? 현재 app.js에는 메시지를 입력받는 폼에 대한 코드밖에 없으니까, app.js에도 새로운 폼에 대한 코드를 추가해 줘야 해.

```
const messageList = document.querySelector("ul");
const nickForm = document.querySelector("#nick");
const messageForm = document.querySelector("#message");
const messageForm = document.querySelector("form");
const socket = new WebSocket(`ws://${window.location.host}`);

(...생략...)

function handleSubmit(event){
  event.preventDefault();
  const input = messageForm.querySelector("input");
  socket.send(input.value);
  input.value = "";
}

function handleNickSubmit(event){
  event.preventDefault();
  const input = nickForm.querySelector("input");
  socket.send(input.value);
  input.value = "";
}

messageForm.addEventListener("submit", handleSubmit);
nickForm.addEventListener("submit", handleNickSubmit);
```

기존 메시지 폼에서 메시지가 입력되면 submit 이벤트가 발생해 handleSubmit을 호출하는 것처럼, 닉네임 폼에서 닉네임이 입력되면 submit 이벤트가 발생해 handleNickSubmit을 호출하도록 했어. 입력된 내용을 읽은 다음 소켓을 통해 서버로 보낸다는 기능은 동일하지만 입력한 값의 목적이 서로 다르다는 게 중요해.

액션 02 닉네임과 메시지 구별하기

폼 2개에서 서로 다른 목적의 값을 입력받고 서버에 각각 전송할 수 있게 됐어. 아직 서버에서는 이들을 구별하지 않고 있어서 지금은 어느 폼에서 값을 입력해도 화면에 나타나는 결과는 같아.

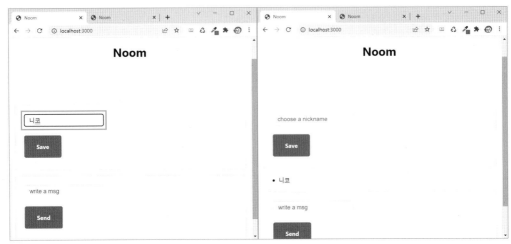

닉네임 폼에 값 입력하기   닉네임 입력 결과

메시지 폼에 값 입력하기   메시지 입력 결과

이전과 달리 지금은 2가지 유형의 입력값이 있으니까 앞으로는 서로 구별해서 처리해야 해. 그러지 않으면 폼 2개를 쓰는 의미가 없으니까.

액션 03 ｜ 입력값 정보 추가하기

지금은 폼에서 값이 입력되면 이를 단순한 텍스트 형태로 처리하고 있어. 그러나 이제는 각 입력값을 뚜렷하게 구분하기 위해 JSON 데이터를 만들어서 거기에 입력값을 포함시키고 추가 정보를 더 넣어 줄 거야.

./src/public/js/app.js

```
(...생략...)
function handleNickSubmit(event){
  event.preventDefault();
  const input = nickForm.querySelector("input");
  socket.send(input.value);
  socket.send({
    type: "nickname",
    payload: input.value
  });
  input.value = "";
}


messageForm.addEventListener("submit", handleSubmit);
nickForm.addEventListener("submit", handleNickSubmit);
```

어때? 어렵지 않지? JSON에 키를 2개 추가해서 전송하는 거야. 하나는 이 데이터가 어떤 유형의 값을 포함하는지를 나타내는 **type**, 또 하나는 실제 값을 의미하는 **payload**야. 그럼 이대로 보내서 서버에서 처리하면 될까? 아직은 아니야. 이 상태에서 앱을 한번 테스트해 보자. 닉네임 폼에 '니코'라고 입력한 다음 [Save] 버튼을 눌러 볼게.

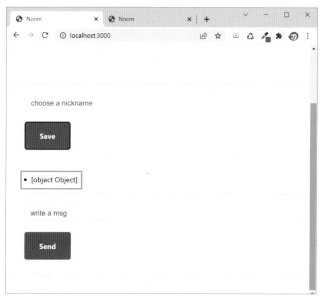

결과 화면

이것 봐! 내가 보낸 메시지가 단지 객체라는 것만 화면에 표시되었지? 우리가 사용한 `socket.send` 메서드는 문자열 데이터를 전송하려고 만들어진 것이지만, 우리가 JSON을 전송하고 있기 때문에 그런 거야. 하지만 걱정할 것 없어. 해결할 방법은 있으니까.

액션 04 JSON을 문자열로 변환하기

앞에서 발생한 문제를 해결하려면 우리가 만든 JSON의 내용을 그대로 문자열로 변환해 서버로 보내 주면 돼. 그러면 서버에서는 전달받은 문자열을 다시 JSON으로 변환해서 사용할 수 있으니깐 모든 게 해결되는 거야. 그럼 미리 알려 줄게. JSON을 문자열로 변환할 때는 `JSON.stringify` 메서드를 사용하고, 문자열을 JSON으로 변환할 때는 `JSON.parse` 메서드를 사용하면 돼. 일단 app.js에서 JSON을 문자열로 변환하는 작업부터 해볼 건데, 이 작업은 함수를 하나 만들어 처리해 보자.

수정해 보자! ./src/public/js/app.js

```
const messageList = document.querySelector("ul");
const nickForm = document.querySelector("#nick");
const messageForm = document.querySelector("#message");
const socket = new WebSocket(`ws://${window.location.host}`);

function makeMessage(type, payload){
  const msg = { type, payload };
  return JSON.stringify(msg);
}

(...생략...)

function handleSubmit(event){
  event.preventDefault();
  const input = messageForm.querySelector("input");
  socket.send(input.value);
  socket.send(makeMessage("new_message", input.value));
  input.value = "";
}

function handleNickSubmit(event){
  event.preventDefault();
  const input = nickForm.querySelector("input");
```

```
socket.send({
  type: "nickname",
  payload: input.value
});
socket.send(makeMessage("nickname", input.value));
input.value = "";
}


messageForm.addEventListener("submit", handleSubmit);
nickForm.addEventListener("submit", handleNickSubmit);
```

makeMessage 함수는 입력값 유형과 입력값을 인자로 전달받아서 그것들로 이루어진 JSON을 만든 뒤 문자열 형태로 변환하는 역할을 해. makeMessage 함수는 메시지와 닉네임이 입력되었을 때 handleSubmit과 handleNickSubmit에서 각각 사용되고 있어. 이제 입력값을 서로 구별해 주는 건 다 됐어. 아직 서버에서 처리하는 과정이 남아 있지만, 지금 테스트해 볼까?

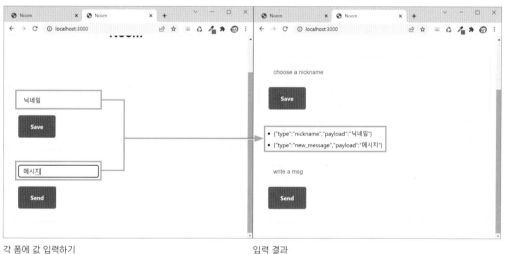

각 폼에 값 입력하기   입력 결과

그냥 JSON을 그대로 보내도 되지 않나요?

유노 조교의 보충 수업!

만약 채팅 앱이 오직 자바스크립트로 만든 서버만 사용한다면 JSON을 그대로 보내도 문제되지 않습니다. 그러나 웹소켓 프로토콜에 기반한 서버는 어떤 언어로든 만들 수 있고, 자바스크립트가 아닌 언어에서는 JSON을 사용하는 데 제약이 생길 수 있죠. 그러므로 메시지를 서버로 보낼 때는 대부분 언어에서 사용할 수 있는 유형인 문자열을 이용하는 편이 더 좋습니다.

03-4 닉네임 추가하기 2

좋아! 그러면 이제는 앞서 말한 것처럼 서버 쪽에서 문자열을 JSON으로 변환하고 데이터의 목적에 맞게 사용자에게 전달하는 작업을 해보자. 실시간 채팅 기능이 점점 완성되어 가고 있어!

액션 01 문자열을 JSON으로 변환하기

이제 무대를 옮길 때가 됐지? 서버 쪽 코드를 수정해야 하니까. 메시지가 왔을 때 처리하는 방법을 수정할 건데, 먼저 서버가 데이터를 잘 받는지 확인해 보자. 예고했던 대로 `JSON.parse`를 사용할 거야.

수정해 보자! ./src/server.js

```js
(...생략...)
wss.on("connection", (socket) => {
  sockets.push(socket);
  console.log("Connected to Browser");
  socket.on("close", () => console.log("Disconnected from Browser"));
  socket.on("message", (message) => {
  socket.on("message", (msg) => {
    const message = JSON.parse(msg);
    console.log(message.type, message.payload);
    sockets.forEach(aSocket => aSocket.send(`${message}`));
  });
})

server.listen(3000, handleListen);
```

문자열을 JSON으로 변환하고 나서 변환 결과에서 각각의 키를 확인하는 거야. 확인을 위해 브라우저를 열고 닉네임을 보내 보자.

니코

Save

바로 [Save] 버튼을 눌러!

write a msg

Send

닉네임 입력

닉네임을 보내고 터미널을 확인해 보면 아마 다음과 같은 결과를 확인할 수 있을 거야.

터미널	— □ ×
nickname 니코	

데이터가 잘 전달되고 있어. JSON으로 변환하고, 또 확인하는 데 아무 문제가 없었지? 그건 곧 서버에서 다른 사용자에게 전달하는 데에도 아무런 문제가 없다는 뜻이야.

액션 02 닉네임과 메시지 처리하기

닉네임은 닉네임대로, 메시지는 메시지대로 구별해서 처리할 차례야. 조건문이 필요한데, 여기에서는 흔히 사용하는 `if` 문 대신에 `switch` 문을 사용해 볼 거야. 나는 `switch` 문이 `if` 문보다 깔끔하게 느껴지거든.

수정해 보자! ./src/server.js

```
(...생략...)
wss.on("connection", (socket) => {
  sockets.push(socket);
  console.log("Connected to Browser");
```

```
    socket.on("close", () => console.log("Disconnected from Browser"));
    socket.on("message", (msg) => {
      const message = JSON.parse(msg);
      console.log(message.type, message.payload);
      sockets.forEach(aSocket => aSocket.send(`${message}`));
      switch(message.type){
        case "new_message":
          sockets.forEach(aSocket => aSocket.send(`${message.payload}`));
          break;
        case "nickname":
          socket["nickname"] = message.payload;
          break;
      }
    });
  })
server.listen(3000, handleListen);
```

switch 문의 case는 message.type의 값에 따라 어떤 코드를 사용할 것인지 결정하는 역할을
해. 지금은 메시지가 오면 메시지의 내용인 payload를 사용자에게 보내 주고, 닉네임이 오면
소켓에 nickname이라는 키를 추가하고 거기에 payload를 대입해 주고 있어. 그럼 이제 브라
우저에서 메시지를 입력하면 각 사용자의 브라우저에 메시지가 추가되고, 닉네임을 입력하
면 브라우저에는 아무런 표시도 나타나지 않을 거야.

액션 03 ㅣ 익명의 사용자 고려하기

이제 서버는 메시지와 닉네임을 완벽하게 구별할 수 있어. 그러나 아직 전혀 고려되지
않은 사용자가 있는데, 바로 닉네임을 입력하지 않은 경우야. 사용자가 닉네임을 입력하면 서
버는 소켓에 닉네임을 추가하지만, 닉네임을 입력하지 않은 사용자에게는 그런 일이 일어나
지 않거든. 그래서 닉네임이 없는 사용자에게는 이 사용자가 익명이라는 정보라도 추가해 주
는 게 좋을 것 같아. 추가할 코드는 간단해.

수정해 보자! ./src/server.js

```
(...생략...)
wss.on("connection", (socket) => {
  sockets.push(socket);
```

```
    socket["nickname"] = "Anonymous"
  console.log("Connected to Browser");
  socket.on("close", () => console.log("Disconnected from Browser"));
  socket.on("message", (msg) => {
    const message = JSON.parse(msg);
    switch(message.type){
      case "new_message":
        sockets.forEach(aSocket => aSocket.send(`${message.payload}`));
      case "nickname":
        socket["nickname"] = message.payload;
    }
  });
})

server.listen(3000, handleListen);
```

추가된 코드의 위치를 봐. 이 코드는 사용자와 연결이 이루어져 소켓이 생성되었을 때 사용되는데, 그때는 모든 사용자가 닉네임을 가지고 있지 않아서 일단 익명을 의미하는 Anonymous로 닉네임을 지정해 주는 거야. 그러다 사용자 중 누군가가 스스로 자신의 닉네임을 전달하면, 그때는 새롭게 전달된 닉네임으로 바꿔 주는 거지. 아주 간단해.

액션 04 메시지에 닉네임 표시하기

이제 다 됐어. 사용자가 입력값을 보내오면 서버는 그것이 닉네임인지 메시지인지 알수 있고, 익명의 사용자와 닉네임을 가진 사용자로 사용자를 구별할 수도 있는 상태야. 이제는 메시지를 주고받는 과정에서 메시지를 보낸 사람이 누구인지 표시해 주는 작업만 해주면 돼.

수정해 보자! ./src/server.js

```
(...생략...)
wss.on("connection", (socket) => {
  sockets.push(socket);
  socket["nickname"] = "Anonymous"
  console.log("Connected to Browser");
  socket.on("close", () => console.log("Disconnected from Browser"));
  socket.on("message", (msg) => {
    const message = JSON.parse(msg);
    switch(message.type){
```

```
    case "new_message":
      sockets.forEach(aSocket => aSocket.send(`${message.payload}`));
      sockets.forEach(aSocket => aSocket.send(`${socket.nickname}:
${message.payload}`));
    case "nickname":
      socket["nickname"] = message.payload;
  }
 });
})

server.listen(3000, handleListen);
```

끝이야! 어떤 사용자가 메시지를 입력하면 서버가 그것을 받고 거기에 닉네임을 표시해서 다시 다른 사용자에게 보내 주는 과정을 모두 처리했어.

액션 05 채팅 주고받기

이제 확인하는 작업만 남았어. 브라우저를 열고 탭 2개에서 각각 닉네임과 메시지를 보내 보자. 먼저 첫 번째 tab1에서 닉네임을 결정하지 않은 상태로 메시지를 보내 보자.

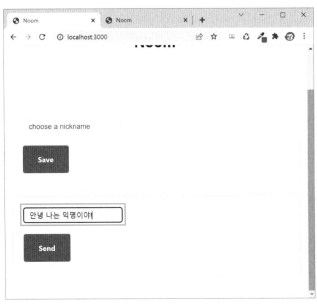

tab1 메시지 입력

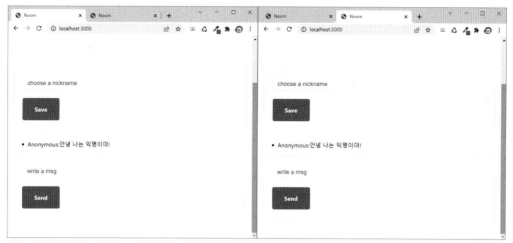

tab1 확인   tab2 확인

익명의 사용자로부터 메시지가 도착했지? 이번에는 tab2에서 닉네임을 결정하고 메시지를 보내 보자.

tab2 닉네임과 메시지 입력

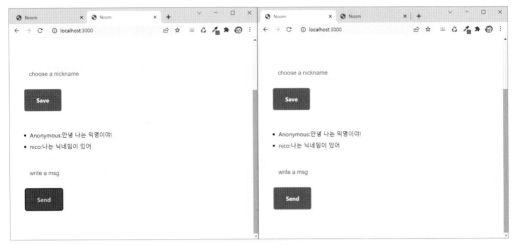

tab2 메시지 입력 후 확인   tab1 확인

웹소켓 프로토콜을 이용해서 실시간으로 메시지를 주고받고, 닉네임을 표시해서 서로 구별
하는 것까지 모두 처리했어. 어때? 이제 웹소켓이 어떤 건지 감이 확실히 잡히지? 여기까지 정
말 잘 해줬어. 이어질 부분도 이런 식으로 쭉쭉 가볼 거야. 우리가 차근차근 이해하며 쌓아 올
린 내용을 바탕으로, 그 위에 새로운 기술을 조금씩 더해 가며 완성도 있는 앱을 만드는 게 우
리의 목표거든. 그러니 이번 장에서 공부한 내용을 잘 이해하고 다음으로 넘어갈 필요가 있겠
지? 복습 잘 해주면 좋겠고, 이어질 다음 장에서는 이번 장에서 사용한 ws보다 좀 더 편리하
고 융통성 있는 웹소켓 라이브러리를 써볼 거야.

04

socket.io를 이용한 채팅룸 만들기

- -

실시간으로 데이터를 주고받는 프로토콜이 뭔지 어느 정도 감이 잡혔으니, 이제는 이와 관련해 좀 더 편리한 라이브러리를 적용해 볼 때가 된 것 같아. 제공하는 기능이 많고, 동작이 안정된 라이브러리는 우리의 개발 속도에 날개를 달아 줄 거야. 똑같은 기능을 하는 프로그램을 만든 다고 해도 라이브러리를 쓰는지 안 쓰는지에 따라 그 과정에서 겪는 경험은 크게 달라질 수밖에 없어. 개발자로 계속 성장하려면 다양한 경험을 많이 해보는 것이 정말 중요해!

04-1 socket.io 설치하기

우리가 사용해 볼 socket.io는 등장한 지 오래되어 안정적이고 편리한 기능을 무척 많이 제공하는 놀라운 라이브러리야. socket.io 라이브러리가 있으면 실시간 기능을 구현할 수 있고, 이벤트를 기반으로 한 양방향 통신도 할 수 있어! 그런 점에서 웹소켓^{WebSocket}과 비슷한 면이 많아 보이기도 하는데, 실제로 어느 정도 관계가 있긴 해. 그럼 이제부터 자세히 알아보자.

액션 01 socket.io 살펴보기

socket.io는 실시간, 양방향, 이벤트에 기반한 통신 등을 모두 지원하는 라이브러리야. 지원하는 기능을 보았을 때 이는 웹소켓과 유사한 느낌을 줘. 그래서 socket.io를 웹소켓의 부가 기능이라고 오해하는 경우도 종종 있지. 사실 socket.io는 '웹소켓을 활용하는 라이브러리다'라고 말할 수 있어. 웹소켓이 socket.io의 기능을 제공하는 것이 아니라 socket.io가 웹소켓을 이용해 기능을 수행하는 거지!

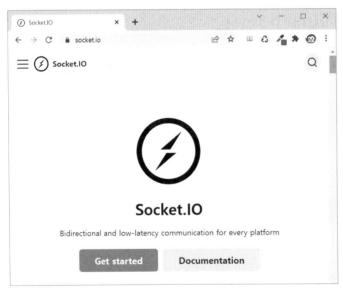

https://socket.io

여담이지만, socket.io 홈페이지에 접속해 스폰서(Our Sponsors) 목록을 보면 엄청나게 많은 도박 사이트가 있어. 그만큼 socket.io의 성능이 뛰어나다는 증거이기도 해. 생각해 봐. 도박을 하려면 반드시 사용자 간의 실시간 데이터 교환이 가능해야겠지?

socket.io를 이용해 우리가 할 일은 간단해. 우리가 이미 웹소켓 프로토콜과 ws 패키지를 이용해 구현했던 기능과 유사한 기능을 socket.io로 구현해 보는 거야. 바로 프런트엔드와 서버 간의 실시간 통신 말이야.

socket.io를 통한 프런트엔드(클라이언트)와 서버 간의 통신

사실 프런트엔드와 서버 간의 통신을 위해 꼭 socket.io를 사용할 필요는 없어. 이미 socket.io 없이 구현해 본 경험도 있고. 그러나 socket.io는 같은 기능을 훨씬 빠르고 편리하게 만들 수 있는 코드를 제공해. 또한 탄력성이 무척 뛰어나서 플랫폼, 기기, 브라우저를 가리지 않고 동작하는 데다 웹소켓에 100% 의존하지도 않고, 심지어 연결이 끊어졌을 땐 자동으로 연결을 시도하는 기능까지 지원해.

액션 02 socket.io 적용 준비하기

socket.io를 설치하기 전에 해야 할 일이 있어. 우리가 socket.io 이전에 ws를 사용해서 기능을 구현했던 서버 쪽 코드 있지? 이제 socket.io로 대체할 테니까 기존 코드를 정리해야 해.

수정해 보자! ./src/server.js

```javascript
import http from "http";
import WebSocket from "ws";
import express from "express";


const app = express();


app.set("view engine", "pug");
```

```
app.set("views", __dirname + "/views");
app.use("/public", express.static(__dirname + "/public"));
app.get("/", (req, res) => res.render("home"));
app.get("/*", (req, res) => res.redirect("/"));

const handleListen = () => console.log("Listening on http://localhost:3000");
const server = http.createServer(app);
const wss = new WebSocket.Server({ server });

const sockets = [];

wss.on("connection", (socket) => {
  sockets.push(socket);
  socket["nickname"] = "Anonymous"
  console.log("Connected to Browser");
  socket.on("close", () => console.log("Disconnected from Browser"));
  socket.on("message", (msg) => {
    const message = JSON.parse(msg);
    switch(message.type){
      case "new_message":
        sockets.forEach(aSocket => aSocket.send(`${socket.nickname}: ${message.payload}`));
      case "nickname":
        socket["nickname"] = message.payload;
    }
  });
})

const handleListen = () => console.log("Listening on http://localhost:3000");
server.listen(3000, handleListen);
```

server.js의 코드 양이 확 줄어들었지? ws와 관련된 코드를 모두 삭제했거든. 앞으로 socket.
io가 기존 ws의 역할을 대신할 텐데, 코드를 작성하면서 이전의 ws 코드와 비교하며 작성해
보는 것도 재미있을 거야.

액션 03 **socket.io 설치하기**

이제 socket.io를 설치하자. 터미널을 열고 명령어를 실행해.

터미널   — □ ✕

```
> npm i socket.io
```

설치가 끝났다면, server.js에 코드를 조금 추가해서 동작이 잘 되는지를 확인하면 돼.

수정해 보자! ./src/server.js

```
import http from "http";
import SocketIO from "socket.io";
import express from "express";

(...생략...)

const server = http.createServer(app);
const httpServer = http.createServer(app);
const wsServer = SocketIO(httpServer);

const handleListen = () => console.log("Listening on http://localhost:3000");
server.listen(3000, handleListen);
httpServer.listen(3000, handleListen);
```

socket.io를 이용해 웹소켓 서버를 만드는 방식은 기존 ws의 방식과 유사해. 여기에서는 HTTP 서버와 웹소켓 서버를 명확히 구분하기 위해 이름을 각각 `httpServer`, `wsServer`로 정해 주었고, `wsServer`를 만들기 위해 우리는 SocketIO에 `httpServer`를 넘겨주고 있어. 단순히 서버를 만드는 작업은 이게 끝이야. 간단하지? 이제 오류 없이 실행되는지 확인해 보면 돼.

▶ 서버를 실행하지 않고 있다면 npm run dev 명령어를 입력해 주세요.

터미널   — □ ✕

```
[nodemon] starting `babel-node src/server.js`
Listening on http://localhost:3000
```

```
[nodemon] watching path(s): *.*
[nodemon] watching extensions: js,mjs,json
[nodemon] starting `babel-node src/server.js`
Listening on http://localhost:3000

[]
```

터미널에서 이렇게 출력되면 아무 문제가 없는 거야!

액션 04 socket.io URL 확인하기

socket.io를 설치하고 이를 이용해 서버를 만들어 실행했어. 단지 이렇게 해주는 것만으로도 socket.io는 우리에게 URL을 제공해 주기도 해. 브라우저를 열고 주소 창에 http://localhost:3000/socket.io/socket.io.js를 입력해 보자.

http://localhost:3000/socket.io/socket.io.js

이처럼 localhost:3000 서버는 socket.io의 소스 코드를 제공하고 있어. 서버는 사용자에게 데이터를 전달해 주는 역할을 하지? 이 소스 코드 또한 사용자에게 제공되는 데이터야. 이렇게 소스 코드를 제공받음으로써, 사용자는 socket.io가 제공하는 기능을 사용자의 앱, 즉 브라우저에 적용할 수 있게 돼. socket.io가 웹소켓의 부가 기능이 아니라고 했던 것, 기억하지?
socket.io를 브라우저에서 사용하려면 먼저 socket.io를 브라우저에 설치해야 돼.

액션 05 home.pug 수정하기

이제부터 우리는 채팅룸 기능을 하는 앱을 만들어 볼 거야. 사용자가 채팅에 참여하고
싶다면 먼저 채팅룸부터 만들고 그 안에서 메시지를 교환할 수 있게 하자. 그러기 위해서
home.pug를 수정할 건데, 여기에서 socket.io 설치 작업도 할 거야.

수정해 보자! `./src/views/home.pug`

```pug
(...생략...)
body
    header
        h1 Noom
    main
        form#nick
            input(type="text", placeholder="choose a nickname", required)
            button Save
        ul
        form#message
            input(type="text", placeholder="write a msg", required)
            button Send
        script(src="/socket.io/socket.io.js")
        script(src="/public/js/app.js")
```

이전에는 브라우저에 설치되어 있는 웹소켓을 사용했는데, 이제는 socket.io를 사용할 거야.

액션 06 app.js 수정하기

여태껏 우리는 app.js에 작성된 웹소켓을 활용하는 코드로 서버와 연결을 시도했어.
코드에서 `new WebSocket(`ws://${window.location.host}`)`가 바로 서버와 연결을 시도하
는 부분이었는데, 이제 이 부분이 필요하지 않은 거야.
socket.io를 설치하고 나면 `io`라는 함수를 사용할 수 있어. `io`는 사용자를 서버 쪽 socket.io
와 자동으로 연결해 주는 함수야. 이 함수를 호출하기에 앞서 이전까지 작성했던 app.js의 모
든 코드를 전부 지워 버리고 새롭게 시작하자.

```
const messageList = document.querySelector("ul");
const nickForm = document.querySelector("#nick");                     기존 코드를 모두 지워야 해.
const messageForm = document.querySelector("#message");
const socket = new WebSocket(`ws://${window.location.host}`);

function makeMessage(type, payload){
  const msg = { type, payload };
  return JSON.stringify(msg);
}

socket.addEventListener("open", () => {
  console.log("Connected to Server");
})

socket.addEventListener("message", (message) => {
  const li = document.createElement("li");
  li.innerText = message.data;
  messageList.append(li);
})

socket.addEventListener("close", () => {
  console.log("Disconnected from Server");
})

function handleSubmit(event){
  event.preventDefault();
  const input = messageForm.querySelector("input");
  socket.send(makeMessage("new_message", input.value));
  input.value = "";
}

function handleNickSubmit(event){
  event.preventDefault();
  const input = nickForm.querySelector("input");
  socket.send(makeMessage("nickname", input.value));
  input.value = "";
}
```

```
messageForm.addEventListener("submit", handleSubmit);
nickForm.addEventListener("submit", handleNickSubmit);
const socket = io();
```

짠! 이게 다야. port, ws 같은 건 전혀 쓸 필요 없어. io()는 알아서 socket.io를 실행하고 있는
서버를 찾을 거야. 웹소켓이 socket.io의 기능을 제공하는 것이 아니라, socket.io가 웹소켓
을 이용해 기능을 수행하는 거라는 말, 이제는 확실히 이해할 수 있지?

액션 07 server.js 수정하기

서버에서 socket.io를 제공하고, 사용자가 이를 설치한 뒤 서버와 연결하기 위해 io
함수를 호출하는 것까지, 이제 연결을 위한 준비는 모두 끝났어. 그렇다면 마지막으로 연결을
확인하려면 어떻게 해야 할까? 당연히 서버 쪽에서 연결(connection) 이벤트 핸들러를 만들
어 줘야지! server.js의 코드를 수정해 보자.

수정해 보자! ./src/server.js

```
(...생략...)
const httpServer = http.createServer(app);
const wsServer = SocketIO(httpServer);

wsServer.on("connection", (socket) => {
  console.log(socket);
});

const handleListen = () => console.log("Listening on http://localhost:3000");
httpServer.listen(3000, handleListen);
```

웹소켓 서버와 사용자가 연결되면 socket을 통해 사용자와 연결을 확인할 수 있어. 이때 출력
되는 socket의 내용은 이전의 ws를 사용했을 때와는 조금 다를 거야. 브라우저에서 localhost:
3000에 다시 접속하고 터미널을 확인해 보자.

```
    'sec-fetch-dest': 'empty',
    referer: 'http://localhost:3000/',
    'accept-encoding': 'gzip, deflate, br',
    'accept-language': 'ko-KR,ko;q=0.9,en-US;q=0.8,en;q=0.7'
  },
  time: 'Mon Mar 14 2022 15:01:17 GMT+0900 (대한민국 표준시)',
  address: '::1',
  xdomain: false,
  secure: false,
  issued: 1647237677677,
  url: '/socket.io/?EIO=4&transport=polling&t=N-7148u',
  query: [Object: null prototype] {
    EIO: '4',
    transport: 'polling',
    t: 'N-7148u'
  },
  auth: {}
  },
  [Symbol(kCapture)]: false
}
```

socket.io를 이용해 연결된 소켓

어때? 무척 복잡해 보이는 결과물이 터미널을 통해 출력되고 있지? 다름 아닌 소켓이 출력되는 것이고, 스크롤을 열심히 내려도 끝이 안 보일 정도로 내용이 아주 방대해. 그렇지만 너무 부담 갖지는 마. 내용이 방대한 만큼 우리에게 더 많은 기능을 제공해 주고, 그 결과 코드를 더 편하게 완성할 수 있게 된 거니까!

04-2 socket.io 다루기

이제 socket.io를 통해 생성된 소켓을 직접 다뤄 보자. 우리는 이미 ws를 이용해서 실시간으로 메시지를 교환할 수 있는 앱을 만든 경험이 있어. 그러나 그게 다였지. 그래서 socket.io를 사용할 때는 우리의 앱에 채팅룸 기능을 추가해서 같은 채팅룸에 접속한 사용자끼리만 채팅할 수 있도록 만들어 볼 거야. 놀라운 사실을 미리 알려 줄게. socket.io에는 이미 채팅룸을 구분할 수 있는 기능이 내장되어 있어!

액션 01 home.pug 수정하기

채팅룸에 접속할 때 채팅룸의 이름을 입력할 폼부터 만들어 보자. 채팅룸 이름을 입력했을 때 만약 이미 존재하는 이름이면 거기에 참가하는 거고, 존재하지 않는 이름이면 새로운 채팅룸이 생성되면서 첫 번째 참가자가 되는 거야. 쉽게 말해 socket.io 덕분에 우리는 채팅룸의 유무와 관계없이 채팅룸에 접속할 수 있어.

수정해 보자! ./src/views/home.pug

```
(...생략...)
  body
    header
      h1 Noom
    main
      div#welcome
        form
          input(placeholder="room name", required, type="text")
          button Enter Room
    script(src="/socket.io/socket.io.js")
    script(src="/public/js/app.js")
```

폼을 만들었고, 채팅룸 이름을 입력하지 않으면 아무 일도 일어나지 않도록 필수(required) 속성을 추가했어.

폼 가져오기

app.js에서 폼을 가져와 보자. 사용자가 채팅룸 이름을 입력하면 어떻게 할지 정의해
야 해.

./src/public/js/app.js

```
const socket = io();

const welcome = document.getElementById("welcome");
const form = welcome.querySelector("form");

function handleRoomSubmit(event){
  event.preventDefault();
  const input = form.querySelector("input");
  socket.emit("enter_room", { payload: input.value });
  input.value = "";
}

form.addEventListener("submit", handleRoomSubmit);
```

일단 폼을 선택하고 handleRoomSubmit 함수를 만들었어. 맨 아랫줄에서 볼 수 있듯, 이 함수
는 폼에서 submit 이벤트가 발생하면 이벤트 핸들러 역할을 수행할 거야. handleRoomSubmit
은 기본적으로 input에 입력된 값을 읽고 이를 소켓을 통해 서버에 보내는 역할을 하는데, 함
수 내부를 보면 우리가 기존에 ws를 사용해 메시지를 전송했을 때와는 다른 새로운 메서드가
사용된 것이 보일 거야.

socket.emit 메서드는 이름에서 알 수 있듯 이벤트를 발생(emit)시키는 역할을 해. 특이한
점은, 이벤트명을 사용자가 원하는 대로 설정할 수 있다는 거야. 지금 우리는 이벤트명을
enter_room으로 정의해 두었는데, 굳이 이 이름을 사용하지 않아도 돼. room, hello, goodbye,
nico… 어떤 이름이든 상관없어. 단지 우리가 이벤트를 발생시킬 수 있고, 서버 쪽에서 우리
가 발생시킨 이벤트의 이름만 알면 이를 처리해 줄 수 있다는 사실이 중요한 거야. socket.
emit의 첫 번째 인자로 이벤트명을 입력하고 나면, 다음 두 번째 인자는 이벤트를 통해 전송
할 데이터를 써주면 돼. 그리고 이 인자는 객체가 될 수 있어. ws를 사용할 때는 문자열만 전
달해야 했는데, socke.io를 사용할 때는 객체도 전달할 수 있어. 비슷하면서도 많은 것이 달
라진 느낌이지?

정리하자면, 우리는 socket.io를 사용함으로써 이름에 구애받지 않고 특정한 이벤트를 발생

시켜 줄 수 있어. 그리고 문자열이 아닌 객체를 이벤트와 함께 전송할 수 있어. 이렇게 발생시킨 이벤트는 서버 쪽에서 어떻게 처리될까?

▶ socket.io 소켓의 emit 메서드를 사용하면, JSON 객체를 통한 문자열 변환을 하지 않아도 데이터 전송이 원활하게 이루어집니다.

액션 03 이벤트 핸들링 테스트하기

프런트엔드에서 socket.emit 메서드를 이용해 이벤트를 발생시키면 연결된 소켓을 통해 서버가 이를 받을 수 있어. 앞서 enter_room 이벤트가 발생되었으니까, 서버 쪽에서 여기에 대한 핸들러를 등록해 줄 차례야.

수정해 보자! ./src/server.js

```
(...생략...)
const httpServer = http.createServer(app);
const wsServer = SocketIO(httpServer);

wsServer.on("connection", (socket) => {
  console.log(socket);
  socket.on("enter_room", (roomName) => console.log(roomName));
});

const handleListen = () => console.log("Listening on http://localhost:3000");
httpServer.listen(3000, handleListen);
```

연결할 때 생성되는 소켓에는 on 메서드가 포함되어 있어. on은 이벤트 핸들링 메서드인데, 첫 번째 인자로 이벤트 이름을, 두 번째 인자로 이벤트 핸들러 함수를 전달받아. 프런트엔드에서 enter_room 이벤트를 발생시키고 있으니까 첫 번째 인자로 "enter_room"을 입력했고, 이어지는 이벤트 핸들러 함수는 매개변수를 통해 무언가를 전달받아 출력하도록 했어. 여기서 문제. 매개변수 roomName에는 어떤 데이터가 전달될까? 맞아! 프런트엔드에서 emit 메서드를 통해 보낸 객체가 전달될 거야. 그럼 확인해 볼까?

서버를 재실행하고 브라우저로 이동해 localhost:3000에 접속해 보자. 브라우저가 이미 열려 있다면 새로 고침 해주는 것, 잊지 말고.

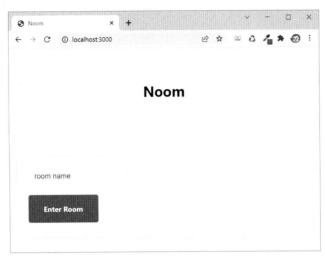

채팅룸 이름 입력 폼

채팅룸 이름을 입력할 수 있는 폼이 보일 거야. 아까 만들어 두었지? 여기에 채팅룸 이름을 자유롭게 정해서 작성하고 제출해 보자. nicoroom이라고 입력하고 버튼을 눌러 봐. 그러면 enter_room 이벤트가 발생할 거야.

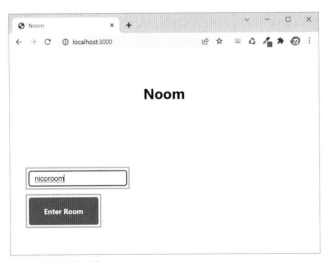

채팅룸 이름 입력 후 제출

그런 다음 서버 쪽 반응을 보면 돼. server.js에는 console.log(roomName)를 실행한다고 해두었으니, 터미널 상태를 확인해 보면 되겠지?

```
[nodemon] restarting due to changes...
[nodemon] starting `babel-node src/server.js`
Listening on http://localhost:3000
{ payload: 'nicoroom' }
```

이벤트 핸들러 동작 결과

봐, 입력한 채팅룸 이름이 터미널에 출력되었어. 보다시피 문자열이 아니지? JSON 데이터가
그대로 전송됐고, 또 그대로 출력되고 있어.

액션 04 콜백 함수 추가해 전달하기

socket.io의 멋짐은 여기서 끝나지 않아. 앞서 `socket.emit` 메서드의 사용법을 알아
보고, 실제 결과도 한 차례 확인했는데, 더 좋은 게 하나 남아 있거든. 바로 `socket.emit` 메서
드를 통해 서버 쪽에서 실행할 수 있는 콜백 함수를 넘겨줄 수 있다는 점이야. 말도 안 될 것 같
지만 사실은 무척 간단해. 바로 확인해 보자. app.js를 조금 수정할 거야.

수정해 보자! ./src/public/js/app.js

```javascript
const socket = io();

const welcome = document.getElementById("welcome");
const form = welcome.querySelector("form");

function handleRoomSubmit(event){
  event.preventDefault();
  const input = form.querySelector("input");
  socket.emit("enter_room", { payload: input.value });
  socket.emit("enter_room", input.value, () => {
    console.log("server is done!");
  });
  input.value = "";
}

form.addEventListener("submit", handleRoomSubmit);
```

socket.emit 메서드를 봐. 첫 번째 인자로는 이벤트명이, 두 번째 인자로는 서버에 전송할 데이터가 전달되고 있어. 그리고 우리는 여기에 세 번째 인자로 익명 함수를 하나 추가해 주었는데, 이는 서버에서 호출할 콜백 함수야. 어때, 정말 놀랍지 않아? 분명 함수를 서버에서 호출할 거라고 말했지만, 함수가 정의된 곳은 프런트엔드(사용자) 쪽이잖아. 웹소켓에 기반한 실시간 연결에서 socket.emit을 사용하면 이런 방식도 충분히 가능해.

액션 05 콜백 함수 호출하기

이벤트가 발생할 때 전달받은 콜백 함수를 서버 쪽에서 호출해 보자.

수정해 보자! ./src/server.js

```
(...생략...)
const httpServer = http.createServer(app);
const wsServer = SocketIO(httpServer);

wsServer.on("connection", (socket) => {
  socket.on("enter_room", (roomName) => console.log(roomName));
  socket.on("enter_room", (roomName, done) => {
    console.log(roomName);
    setTimeout(() => {
      done();
    }, 5000);
  });
});

const handleListen = () => console.log("Listening on http://localhost:3000");
httpServer.listen(3000, handleListen);
```

enter_room 이벤트 핸들러에 매개변수 하나를 추가했어. 이름은 done인데, 이 매개변수가 바로 콜백 함수를 전달받는 역할을 할 거야. 핸들러 내부를 보면, 일단 전달된 메시지를 콘솔에 출력한 다음 setTimeout 메서드를 통해서 '5000밀리초(5초) 뒤에 done을 호출하겠다'라고 정의했어. 여기에서 중요한 사실은, done에 전달된 콜백 함수를 호출하는 것은 서버지만 콜백 함수가 정의된 곳은 프런트엔드라는 점이야. 따라서 enter_room 이벤트가 발생하고 나면 5초 후에 프런트엔드에서 콜백 함수가 동작하게 돼.

▶ 프런트엔드에서 정의된 콜백 함수가 서버 쪽에서 동작한다면, 데이터베이스에 접근하거나 암호를 노출하는 등 보안 문제가 발생할 위험이 있습니다.

액션 06 콜백 함수 테스트하기

그럼 다시 브라우저를 열고 나서 채팅룸 이름을 입력하고 전송해 보자. 입력한 채팅룸 이름이 서버 쪽에서 출력되는 것까진 이미 확인했으니까, 이번에는 브라우저 콘솔만 확인해 보면 돼. 콘솔을 열어 둔 상태에서 nicoroom이라는 값을 입력해 보자.

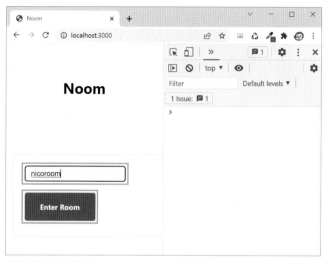

채팅룸 이름 입력 후 제출

채팅룸 이름을 입력하고 [Enter Room] 버튼을 클릭해 봐. 아마 처음에는 아무런 반응도 없고 입력란의 값만 사라진 상태일 거야. 그러나 5초가 지나고 나면 이내 콘솔에 메시지가 출력될 거야.

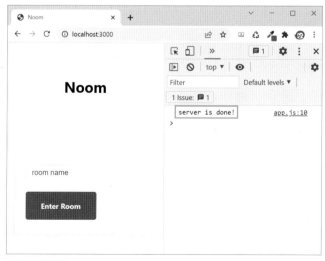

5초 후 콘솔 확인

짠! server is done! 메시지가 출력됐어. 이는 우리가 socket.emit의 세 번째 인자로 전달한 콜백 함수가 동작했다는 뜻이야. 프런트엔드에서 정의한 콜백 함수를 서버로 전달하고, 이를 서버에서 호출하니 다시 프런트엔드에서 함수가 동작한 거지. 정말 말도 안 되는 것처럼 느껴지는 기능이 정말 쉽게 구현됐고, 이를 통해 우리는 채팅 앱의 기능을 아주 편하게 구현할 수 있어. 물론 이런 흐름이 조금 낯설고 어렵게 느껴질 수도 있어. 하지만 걱정 붙들어 매. 우리는 앞으로도 같은 환경에서 비슷한 기능을 반복해서 구현해 볼 거고, 필요하다면 보충 설명도 덧붙일 거야. 중요한 것은, 우리가 지금 정말로 멋진 일을 하고 있다는 사실이야.

유노 조교의 보충 수업!

socket.emit 메서드

앞서 니꼬샘과 함께 프런트엔드 쪽에서 emit 메서드를 이용해 이벤트를 발생시키고, 서버 쪽에서 이벤트를 처리하는 절차를 함께 진행해 보았습니다. emit은 사용자가 원하는 어떤 유형의 이벤트라도 발생시켜 줄 수 있고 원하는 어떤 데이터라도 서버 쪽으로 전달할 수 있어 무척 유용한 메서드입니다. 또한 이벤트가 전달하는 데이터에는 콜백 함수(인자로 전달된 함수)를 포함해 전달할 수 있어서 서버 쪽에서 프런트엔드 쪽 함수를 호출하는 유연함도 제공합니다. 앞으로 더더욱 유용하고 능숙하게 사용할 수 있도록 emit의 특징 2가지를 추가로 소개합니다.

• 보낼 수 있는 데이터의 개수 제한이 없어서 우리가 원하는 만큼 전송할 수 있습니다.
• 보내는 데이터에 콜백 함수를 포함할 경우, 이는 마지막 인자여야 합니다.

이러한 특징을 기반으로 우리는 다음과 같은 코드를 작성할 수 있습니다. 실제 우리가 사용할 코드가 아니라 예를 들어 설명하려고 작성한 코드입니다.

프런트엔드

```
(...생략...)
function handleRoomSubmit(event){
  event.preventDefault();
  const input = form.querySelector("input");
  socket.emit(
    "enter_room",
    10,
    "hello",
    true,
    () => {
      console.log("hello!! this is callback func! ");
    )
```

```
    });
    input.value = "";
  }
(...생략...)
```

```
(...생략...)
wsServer.on("connection", (socket) => {
  socket.on("enter_room", (a, b, c, done) => {
    console.log(a, b, c);
    setTimeout(() => {
      done();
    }, 3000); ← 3초 뒤에 프런트엔드 쪽에서 함수가 호출돼요!
  });
});
(...생략...)
```

이 코드에서 프런트엔드 쪽을 보면 emit 메서드의 인자로 데이터가 5개 전달되었습니다. 여기에 더해 인자가 6개, 7개가 되어도 emit 메서드는 이를 모두 처리할 수 있습니다. 인자 5개 중 마지막 인자로 콜백 함수가 전달되었는데, 서버 쪽 코드에서는 이를 done이라는 이름의 매개변수로 전달받아 처리해 주고 있습니다. 앞으로 이어질 코딩 실습에서도 emit 메서드는 계속 등장할 테니 추가로 학습한 특징을 잘 숙지하기 바랍니다.

04-3 채팅룸 만들기

socket.io가 제공하는 기능을 이해하고, 이를 활용하는 방법도 어느 정도 감 잡았을 거라 생각해. 그래서 이제부터 우리는 본격적으로 채팅룸을 구현해 보고, 그 안에서 필요한 몇몇 기능을 추가해 채팅 앱의 완성도를 높여 볼 거야. 이미 채팅룸 이름을 입력하고 이벤트를 발생시키는 데까지는 완료했으니, 나머지는 그리 복잡하지 않아.

액션 01 채팅룸 접속하기

현재 접속한 모든 사용자가 서로 대화를 나눌 필요는 없어. 적당히 나뉘어서 원하는 사람끼리 그룹을 형성해 그 안에서만 대화를 나누면 되지. 모든 사용자가 대화를 나누도록 만들 수도 있지만, 사용자는 그룹을 형성할 수 있게 해주는 걸 더 선호해. 요점은, 우리에게는 서로 소통할 수 있는 웹소켓 그룹이 필요하다는 거야.

socket.io는 채팅룸 서비스를 제공할 때 사용할 만한 유용한 기능을 제공해 줘. 사실 정확히는 꼭 채팅이 아니더라도 서버에 접속한 사용자들을 룸^{room} 단위로 묶는 기능을 제공하지. 방법은 정말 간단해. 서버를 조금 수정해 보자.

수정해 보자! ./src/server.js

```
(...생략...)
const httpServer = http.createServer(app);
const wsServer = SocketIO(httpServer);

wsServer.on("connection", (socket) => {
  socket.on("enter_room", (roomName, done) => {
    console.log(roomName);
    socket.join(roomName);
    setTimeout(() => {
      done();
    }, 5000);
  });
});
```

```
const handleListen = () => console.log("Listening on http://localhost:3000");
httpServer.listen(3000, handleListen);
```

이게 다야! socket.io에서 채팅룸에 접속하려면 이렇게 join 메서드만 이용하면 돼. 여기에 내가 접속할 채팅룸 이름만 적어 주면, 사용자는 채팅룸에 접속하게 돼. 어떻게 이런 게 가능할까 싶지?

액션 02 채팅룸 확인하기

socket.io에서 서버에 연결된 개별 소켓^{socket}은 다양한 속성을 포함하고 있어. 현재 server.js에서는 socket.on() 메서드만 호출하지만, 이게 다가 아니라는 거지. 몇 가지 속성을 추가해서 채팅룸 기능이 어떻게 동작하는지 확인해 보자.

수정해 보자! **./src/server.js**

```
(...생략...)
const httpServer = http.createServer(app);
const wsServer = SocketIO(httpServer);

wsServer.on("connection", (socket) => {
  socket.on("enter_room", (roomName, done) => {
    console.log(roomName);
    console.log(socket.id);
    console.log(socket.rooms);
    socket.join(roomName);
    console.log(socket.rooms);
  });
});

const handleListen = () => console.log("Listening on http://localhost:3000");
httpServer.listen(3000, handleListen);
```

소켓의 식별자 역할을 하는 id 속성은 해당 소켓만의 고유한 값이야. 그럼 사용자 여러 명이 서버에 접속해 소켓을 형성해도 서로 구별할 수 있다는 뜻이겠지?

rooms 속성은 소켓이 현재 어떤 룸에 있는지를 나타내는데, 나중에 알게 되겠지만 소켓이 접속한 방은 하나가 아닐 수도 있어. room이 아니라 rooms인 걸 보면 느낌이 오지? 그러면 브라우저를 열고 nicoroom을 입력한 다음 서버 콘솔을 확인해 보자.

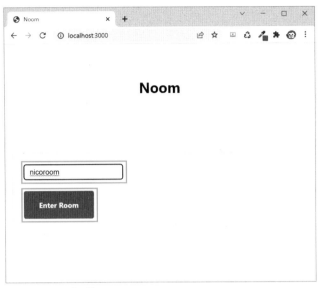

채팅룸 이름 입력 후 제출

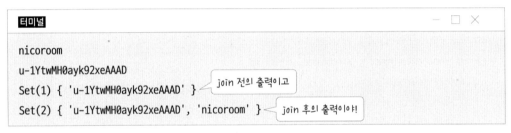

서버 콘솔(터미널) 출력 결과

join을 이용해 채팅룸에 참가하기 전의 rooms와 참가한 후의 rooms를 비교해 봐. 참가하기 전의 rooms에는 소켓 id와 동일한 값만 포함되었고, 참가한 후의 rooms에는 우리가 입력한 nicoroom이 추가되었어. socket.io에서는 join을 이용해 어딘가에 접속하지 않더라도, 개별 소켓은 서버에서 제공하는 개인 공간에 들어가 있는 상태야. 이러한 개인 공간은 소켓과 서버 사이에 형성된 채팅룸이라고 할 수 있어. 이를 프라이빗룸private room이라고 하는데, 소켓의 id는 소켓의 프라이빗룸 id와 같아.

맨 처음 접속할 때 프라이빗룸에만 머무르던 소켓이 join을 이용하면 다른 소켓과 그룹을 형성해 채팅룸을 만들 수 있는데, join에는 룸 이름이 전달돼. 이때 전달된 이름이 만약 서버에 이미 존재하면 소켓은 그 방에 합류하고, 서버에 존재하지 않으면 방이 새롭게 만들어져.

▶ 이 책에서 다루는 내용 외에 채팅룸과 관련된 소켓의 기능을 추가로 알고 싶다면, 다음 페이지에서 학습해 볼 수 있습니다.
https://socket.io/docs/v4/server-api/#socket

액션 03 home.pug 수정하기

채팅룸을 구별할 수 있게 되었으니까, 이번에는 같은 채팅룸에 접속한 사용자들끼리만 메시지를 주고받을 수 있게 만들어 보자. 이때에도 socket.io가 제공하는 메서드를 활용할 거야. 가장 먼저 home.pug를 수정해 메시지 입력 폼부터 추가하자. 지금은 룸 이름을 입력하는 폼밖에 없으니까.

```
수정해 보자!  ./src/views/home.pug

(...생략...)
  body
    header
      h1 Noom
    main
      div#welcome
        form
          input(placeholder="room name", required, type="text")
          button Enter Room
      div#room
        ul
        form
          input(placeholder="message", required, type="text")
          button Send
      script(src="/socket.io/socket.io.js")
      script(src="/public/js/app.js")
```

추가하고 나면 일단 이런 상태일 거야.

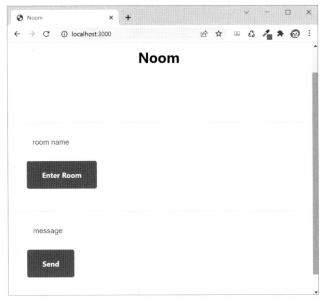

메시지 폼 추가

액션
04 ## app.js 수정하기

메시지를 입력할 수 있는 폼을 추가했는데, 문제가 조금 있어. 처음에는 이 폼을 숨겨야 한다는 거야. 왜냐하면 첫 화면에서는 채팅룸에 아직 접속하지 않은 상태인데, 그때부터 메시지를 입력할 수 있으면 사용성에 문제가 있는 거잖아. 처음에는 룸 이름 폼만 보이는 상태였다가, 룸 이름을 입력해 채팅룸에 접속하고 나면 반대로 룸 이름 폼이 사라지고 메시지 폼도 보이도록 app.js를 조금 수정해 볼 거야.

수정해 보자! **./src/public/js/app.js**

```javascript
const socket = io();

const welcome = document.getElementById("welcome");
const form = welcome.querySelector("form");
const room = document.getElementById("room");

room.hidden = true;

function showRoom(){
  welcome.hidden = true;
```

```
    room.hidden = false;
  }


  function handleRoomSubmit(event){
    event.preventDefault();
    const input = form.querySelector("input");
    socket.emit("enter_room", input.value, () => {
      console.log("server is done!");
    });
    socket.emit("enter_room", input.value, showRoom);
    input.value = "";
  }


  form.addEventListener("submit", handleRoomSubmit);
```

웹 요소의 hidden 속성을 이용해서 화면에서의 노출 여부를 결정하고 있어. 처음에는 id가
room인 메시지 입력 폼을 숨겨 두었다가, socket의 emit 메서드를 통해 enter_room 이벤트가
발생하면 showRoom 함수를 실행시켜 메시지 입력 폼을 보여 주고, 이때 거꾸로 id가 welcome
인 영역 안의 룸 이름 입력 폼을 숨기는 거야.

이 코드에서는 emit을 통해 showRoom 함수를 서버로 전달하고 있지? 이는 곧 enter_room 이
벤트가 발생했을 때 서버에서 이를 호출해 주어야 한다는 뜻이야.

액션 05 server.js 수정하기

현재 프런트엔드에서는 서버에게 콜백 함수를 전달하고 있지만, 서버에서는 이를 호
출하지 않고 있어. emit을 통해 발생한 이벤트를 서버 쪽에서 핸들링할 때 전달된 함수를 서
버 쪽에서 호출하면 프런트엔드 쪽에서 동작한다는 사실, 기억하지? 코드를 수정하자.

수정해 보자! ./src/server.js

```
(...생략...)
const httpServer = http.createServer(app);
const wsServer = SocketIO(httpServer);

wsServer.on("connection", (socket) => {
  socket.on("enter_room", (roomName, done) => {
```

```
        done();
        console.log(roomName);
        console.log(socket.id);
        console.log(socket.rooms);
        socket.join(roomName);
        console.log(socket.rooms);
    });
});

const handleListen = () => console.log("Listening on http://localhost:3000");
httpServer.listen(3000, handleListen);
```

특별할 건 없어. showRoom 함수를 받았지만 서버 쪽에서는 이 함수를 done이라고 부르고 있
고, enter_room 이벤트가 발생하면 호출하겠다고 해주었을 뿐이야. 동작을 확인해 볼까? 브
라우저 화면에서 룸 이름을 입력하면 메시지 폼으로 바뀌는지 확인하면 돼.

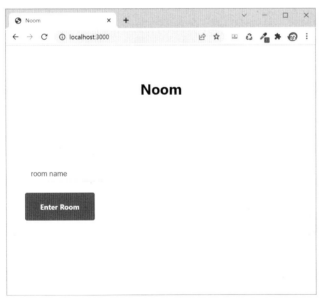

실행 첫 화면

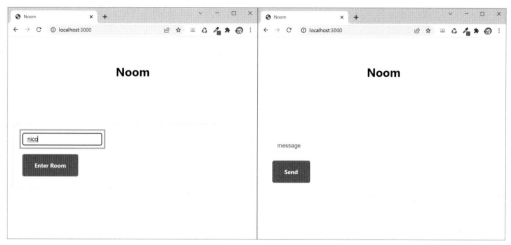

룸 이름 입력   메시지 폼으로 변경

액션 06 채팅룸 이름 표시하기

이제 우리는 방에 들어갈 수 있어. 방금 nico라는 이름으로 방을 만들고 들어갔지? 그런데 화면에는 메시지 폼만 덩그러니 있을 뿐이라 어딘가 아쉬워. 그럼 마지막으로 참가한 채팅룸 이름을 화면에 표시해 주자. home.pug와 app.js를 조금씩 수정할 거야.

수정해 보자! ./src/views/home.pug

```pug
(...생략...)
  body
    header
      h1 Noom
    main
      div#welcome
        form
          input(placeholder="room name", required, type="text")
          button Enter Room
      div#room
        h3
        ul
        form
          input(placeholder="message", required, type="text")
          button Send
    script(src="/socket.io/socket.io.js")
    script(src="/public/js/app.js")
```

h3 요소를 추가해 여기에 채팅룸 이름을 표시할 건데, h2나 h4를 원한다면 사용해도 괜찮아.

./src/app.js

```js
const socket = io();

const welcome = document.getElementById("welcome");
const form = welcome.querySelector("form");
const room = document.getElementById("room");

room.hidden = true;

let roomName;

function showRoom(){
  welcome.hidden = true;
  room.hidden = false;
  const h3 = room.querySelector("h3");
  h3.innerText = `Room ${roomName}`;
}

function handleRoomSubmit(event){
  event.preventDefault();
  const input = form.querySelector("input");
  socket.emit("enter_room", input.value, showRoom);
  roomName = input.value;
  input.value = "";
}

form.addEventListener("submit", handleRoomSubmit);
```

roomName 변수를 만들고 룸 이름을 입력하면 값이 대입되어 h3에 표시하도록 했어. 이제 결과를 보면서 마무리하자.

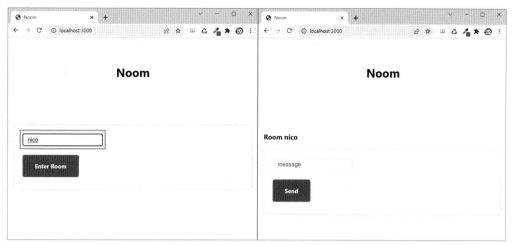

룸 이름 입력   룸 이름 표시 완료

04-4 채팅룸 안에서 메시지 교환하기

이제 가장 중요한 걸 할 차례야. 채팅룸에서는 역시 채팅을 할 수 있어야겠지? socket.io는 우리에게 소켓 그룹을 형성할 수 있는 룸room 기능을 제공하는 데 그치지 않고 메시지 전송 기능도 제공해 줘.

액션 01 to 메서드 살펴보기

앞에서 우린 emit 메서드를 이용해 이벤트를 발생시켜 보았는데, 이 이벤트는 우리가 접속하고 싶은, 혹은 만들고 싶은 채팅룸 이름을 입력했을 때 발생하는 거였어. 이벤트명은 enter_room이었지. 여기서 중요한 점은, emit 메서드를 이용하면 이벤트의 이름과 전달할 데이터를 모두 우리가 원하는 형식으로 지정할 수 있다는 점이야.

메시지를 전달하려면 앞서 해보았던 것과 마찬가지로 메시지를 전달하는 이벤트를 발생시키면 돼. 그런데 우리는 앞서 입력한 메시지를 서버에 있는 모든 사용자 소켓에 전달하고 싶은 게 아니라, 접속해 있는 채팅룸 안의 사용자들에게만 전달하고 싶은 거잖아? 여기에서는 추가 조치가 필요해. 바로 각 소켓에 할당된 to 메서드가 그 주인공이야.

▶ to 메서드 설명: https://socket.io/docs/v3/server-api/#sockettoroom

액션 02 server.js 수정하기

to 메서드는 이벤트를 통해 데이터를 전달하고 싶은 대상을 지정할 수 있게 해줘. 대상은 특정 채팅룸이 될 수도 있고, 아니면 특정 소켓이 될 수도 있어. 각 소켓마다 id를 가지고 있었던 것 기억하지? 일단 to 메서드의 기능을 파악하기 위해 같은 채팅룸에 참가한 사용자들에게 단순히 이벤트만 발생시키는 코드를 만들어 보자.

수정해 보자! **./src/server.js**

```
(...생략...)
const httpServer = http.createServer(app);
const wsServer = SocketIO(httpServer);

wsServer.on("connection", (socket) => {
```

```
  socket.on("enter_room", (roomName, done) => {
    done();
    console.log(roomName);
    console.log(socket.id);
    console.log(socket.rooms);
    socket.join(roomName);
    console.log(socket.rooms);
    socket.to(roomName).emit("welcome");
  });
});


const handleListen = () => console.log("Listening on http://localhost:3000");
httpServer.listen(3000, handleListen);
```

코드는 아주 단순해. to 메서드를 이용해서 소켓(socket)이 join 메서드로 접속한 채팅룸 (roomName)을 대상으로 지정했어. 이어서 emit 메서드를 호출하면, 해당 채팅룸에 참가한 소 켓들에 대해서만 이벤트가 발생하게 돼. 이벤트명은 welcome으로 정했어.

액션 03 app.js 수정하기

이제 프런트엔드가 welcome 이벤트에 반응하도록 만들어야 해. 아무 일도 일어나지 않으면 확인할 수 없으니까, welcome 이벤트가 발생하면 화면에다 "someone joined!"라고 표시되게 해보자.

수정해 보자! ./src/public/js/app.js

```
(...생략...)
room.hidden = true;

let roomName;

function addMessage(message){
  const ul = room.querySelector("ul");
  const li = document.createElement("li");
  li.innerText = message;
  ul.appendChild(li);
}
(...생략...)
form.addEventListener("submit", handleRoomSubmit);
```

```
socket.on("welcome", () => {
  addMessage("someone joined!");
})
```

액션 04 동작 확인하기

프런트엔드를 통해 사용자가 서버(localhost:3000)에 접속한 다음, 채팅룸 이름을 입력하면 enter_room 이벤트가 발생해. 그러면 서버에서는 이에 대응해서 사용자 소켓을 전달받은 이름의 채팅룸에 접속(join 메서드)시키고, 이어서 바로 해당 채팅룸을 대상으로 welcome 이벤트를 발생시켜. 그러면 프런트엔드에서는 welcome 이벤트에 대응해서 addMessage ("someone joined!") 함수를 호출하는데, 이 함수는 목록 안에 항목을 추가해 "someone joined!"라고 표시하는 기능을 수행해. 와, 마치 탁구처럼 왔다 갔다 정신이 없지? 자, 그러면 이제 사용자 소켓의 채팅룸 접속 여부를 확인해 보자. 소켓 3개로 테스트해 볼 거니까 브라우저에서 탭 3개를 새로 열고 각각 서버에 접속해 줘. 순서 헷갈리지 않게 주의해!

▶ 탭은 순서대로 tab1, tab2, tab3으로 표현하고 있습니다.

먼저 tab1에서 nico라는 이름으로 채팅룸을 입력하자.

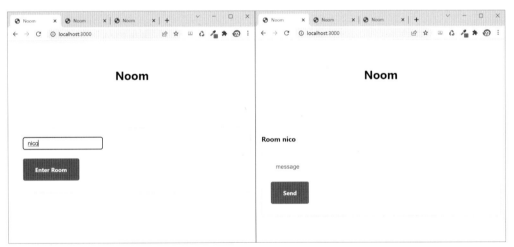

tab1 채팅룸 이름 입력   tab1 채팅룸 접속 완료

tab1에서 입력한 채팅룸 이름 nico는 이전까지 존재하지 않았으니까 이때에는 새롭게 방이 생성돼. 그래서 아직은 welcome 이벤트가 발생하지 않았어. 대상이 없는 상태였으니까. 그럼 이번엔 tab2에서 채팅룸 nico에 접속해 봐.

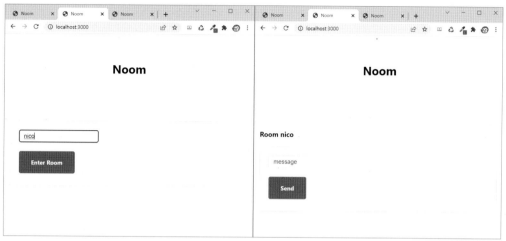

tab2 채팅룸 이름 입력   tab2 채팅룸 접속 완료

이번에는 채팅룸 nico가 이미 존재하는 상황에서 접속했지? 그러면 tab2가 nico에 참가하는 순간 welcome 이벤트가 발생했을 거야. 확인하려면 tab1로 다시 가면 돼.

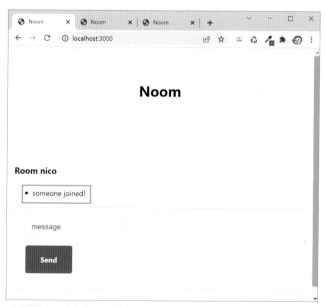

tab2에서 nico 참가 후 tab1 화면

이것 봐! "someone joined!" 메시지가 화면에 표시되었지? 이미 방이 존재하는 상황에서 새로운 사용자 소켓이 참가해서 welcome 이벤트가 발생한 거야. 여기서 중요한 건, nico라는 이름이 이미 존재하고 있다는 사실이야. 이번에는 tab3에서 nico가 아닌 다른 채팅룸에 접속해보자. 이때 nico 채팅룸에서는 아무 일도 일어나지 않아야 해.

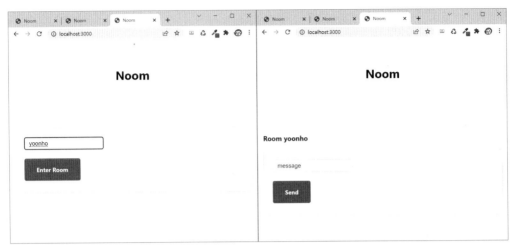

tab3 채팅룸 이름 입력   tab3 채팅룸 접속 완료

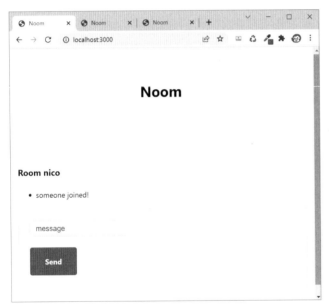

tab3에서 yoono 접속 직후 tab1 재확인

예상한 대로 tab3에서 다른 이름 채팅룸에 접속하면 tab1이나 tab2에는 welcome 이벤트가 전달되지 않아. 어때? to 메서드를 통해 대상을 지정하는 게 어떤 의미인지, 이제 잘 알겠지? 이 기능을 토대로 우리는 앞서 직접 입력한 메시지도 채팅룸 안의 사용자들에게 얼마든지 전 달할 수가 있어.

04-5 채팅룸 알람 보내기

채팅룸을 생성하고 그 안에서 메시지를 전달하는 기능까지 확인해 보았으니, 이제는 직접 입력한 메시지를 전달하는 것은 문제 없겠지? 여기에서 만족하지 말고 부가 기능으로 사용자 알람까지 추가해 볼 거야.

액션 01 disconnecting 이벤트 이해하기

현재 우리 앱은 사용자가 채팅룸에 접속하면 "someone joined!"라는 메시지를 표시해 줘. 그러나 접속을 중단하면 아무것도 하지 않아. 그래서 이번에는 채팅룸을 나갈 때 메시지를 표시하는 기능을 추가할 건데, 이때 사용할 socket.io의 이벤트는 disconnecting이야. disconnecting 이벤트는 우리가 브라우저 창을 닫거나 컴퓨터를 꺼서 채팅룸을 나가기 직전에 발생하는 이벤트인데, 이를 이용하면 채팅룸을 빠져나가기 직전에 메시지를 보낼 수 있어. 메시지 전송 방식은 우리가 채팅룸에 접속할 때와 거의 같아. 코드를 수정해 보자.

수정해 보자! ./src/server.js

```
(...생략...)
const httpServer = http.createServer(app);
const wsServer = SocketIO(httpServer);

wsServer.on("connection", (socket) => {
  socket.on("enter_room", (roomName, done) => {
    done();
    socket.join(roomName);
    socket.to(roomName).emit("welcome");
  });
  socket.on("disconnecting", () => {
    socket.rooms.forEach(room => socket.to(room).emit("bye"));
  });
});
```

```
const handleListen = () => console.log("Listening on http://localhost:3000");
httpServer.listen(3000, handleListen);
```

disconnecting 이벤트가 발생하면 사용자 소켓이 bye 이벤트를 발생시켜. 이때 접속 중이던 채팅룸에만 이벤트를 발생시키기 위해서 rooms 속성을 사용한 게 보이지? rooms는 접속 중인 채팅룸 목록을 뜻하는 셋(Set) 객체인데, 셋은 배열처럼 반복할 수 있는 객체이므로 forEach 메서드를 사용하면 셋이 포함하고 있는 개별 요소에 접근해 콜백 함수를 호출할 수 있어.

▶ 자바스크립트에서 반복할 수 있는 객체(iterable protocol)로는 배열, 셋, 문자열, 맵 등이 있습니다.

액션 02 app.js 수정하기

누군가 채팅룸을 나가면 그 사용자 소켓으로부터 bye 이벤트가 발생해. bye 이벤트를 발생시킨 소켓은 이벤트가 발생하고 나서 바로 채팅룸을 떠나 버리니까, 이 이벤트를 처리하는 건 남아 있는 다른 사용자 소켓들의 몫이야. 그럼 app.js를 수정해 보자.

수정해 보자! ./src/public/js/app.js

```
(...생략...)
form.addEventListener("submit", handleRoomSubmit);

socket.on("welcome", () => {
  addMessage("someone joined!");
})

socket.on("bye", () => {
  addMessage("someone left ㅠㅠ");
})
```

액션 03 동작 확인하기

"someone left ㅠㅠ" 메시지 출력을 확인하려면 누군가 나가는 상황을 만들어야 해. 브라우저를 열고 탭 2개를 열어 보자. 각각 tab1과 tab2라고 부를 거야. 그리고 순서대로 같은 채팅룸에 접속할 건데, 채팅룸 이름은 nico라고 써줘.

▶ 여기에서 채팅룸 이름은 원하는 것으로 해도 좋으나 두 탭이 같은 채팅룸에 접속해야 합니다.

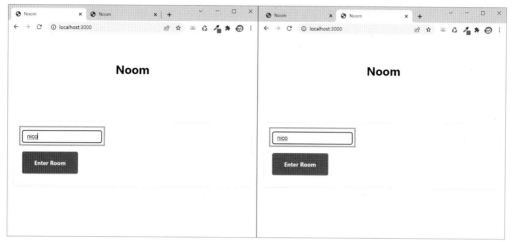

tab1 채팅룸 접속하기   tab2 채팅룸 접속하기

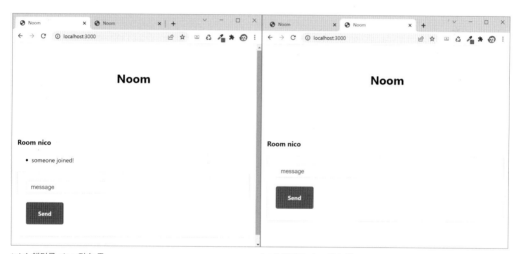

tab1 채팅룸 nico 접속 중   tab2 채팅룸 nico 접속 중

tab1이 먼저 접속한 후에 tab2가 접속했기 때문에 tab1 화면에만 "someone joined!" 메시지가 보여. 이 상태에서 tab1과 채팅룸의 접속을 해제해 보자. tab1을 닫아 봐.

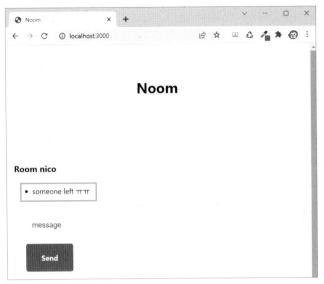

tab1 채팅룸 접속 해제 후 홀로 남은 tab2

tab1을 닫으면 보다시피 이제 홀로 남은 tab2에는 누군가 나갔다는 메시지가 표시돼. 이렇듯 socket.io가 우리에게 제공하는 **disconnecting** 이벤트를 사용하면 채팅룸을 나가는 상황에서 무언가를 하도록 만들 수 있어. 꼭 메시지 출력이 아니더라도 말이야.

액션 04 메시지 보내기

계속해서 채팅 앱의 완성도를 높여 보자. 우리에게는 아직 부족한 게 많아. 메시지를 교환하거나 사용자 닉네임을 따로 표시하지도 못해. 일단 닉네임은 좀 더 뒤에 하기로 하고 메시지 교환부터 해볼 건데, 지금까지 잘 따라왔다면 이건 그리 어렵지 않을 거야. 메시지 입력 폼에서 제출(submit) 이벤트가 발생하면, 메시지를 받아서 보내 주기만 하면 되니까. app.js에서 이벤트 핸들러 함수를 추가해 보자.

수정해 보자! ./src/public/js/app.js

```
(...생략...)
function addMessage(message){
  const ul = room.querySelector("ul");
  const li = document.createElement("li");
  li.innerText = message;
  ul.appendChild(li);
}

function handleMessageSubmit(event){
```

```
    event.preventDefault();
    const input = room.querySelector("input");
    const value = input.value;
    socket.emit("new_message", value, roomName, () => {
      addMessage(`You: ${value}`);
    });
    input.value = "";
  }

  function showRoom(){
    welcome.hidden = true;
    room.hidden = false;
    const h3 = room.querySelector("h3");
    h3.innerText = `Room ${roomName}`;
    const form = room.querySelector("form");
    form.addEventListener("submit", handleMessageSubmit);
  }

  function handleRoomSubmit(event){
    event.preventDefault();
    const input = form.querySelector("input");
    socket.emit("enter_room", input.value, showRoom);
    roomName = input.value;
    input.value = "";
  }
  (...생략...)
```

▶ 새로 발생시킬 이벤트 이름은 new_message입니다. emit을 통해 발생시킬 이벤트의 이름은 자유롭게 정할 수 있다는 것, 기억하시죠?

메시지 폼으로부터 제출 이벤트가 발생하면, 이때 폼에서 적은 메시지를 처리하기 위해 showRoom 함수 내부에 이벤트 핸들러 함수 등록을 추가했어. showRoom은 사용자가 채팅룸에 접속하면 호출되는 함수니까, 이 함수 내부에서 이벤트 등록을 해주는 게 순서상 가장 자연스럽거든.

이벤트 핸들러 함수 handleMessageSubmit에서는 입력된 값을 읽어 들인 다음 new_message라는 이름의 이벤트를 발생시키는 작업을 수행해. 이벤트가 발생할 때 서버에는 입력된 값, 채팅룸 이름과 함께 콜백 함수도 같이 전달하는데, 콜백 함수는 사용자 화면에 메시지를 추가하는 함수 addMessage를 호출하는 기능을 해.

액션 05 server.js 수정하기

이제 서버에서 메시지를 받아 보자. 계속 해오던 방식대로 하면 돼.

수정해 보자! ./src/server.js

```
(...생략...)
const httpServer = http.createServer(app);
const wsServer = SocketIO(httpServer);

wsServer.on("connection", (socket) => {
  socket.on("enter_room", (roomName, done) => {
    done();
    socket.join(roomName);
    socket.to(roomName).emit("welcome");
  });
  socket.on("disconnecting", () => {
    socket.rooms.forEach(room => socket.to(room).emit("bye"));
  });
  socket.on("new_message", (msg, room, done) => {
    socket.to(room).emit("new_message", msg);
    done();
  })
});

const handleListen = () => console.log("Listening on http://localhost:3000");
httpServer.listen(3000, handleListen);
```

메시지 입력을 마친 사용자가 new_message 이벤트를 발생시키면 서버에서는 메시지, 채팅룸 이름, 콜백 함수를 받아서 이를 처리해. 각각 msg, room, done이라는 이름으로 받았어. 여기에서는 다시 to 메서드를 사용해서 같은 채팅룸에 있는 소켓을 대상으로 new_message 이벤트를 발생시키고, 그런 다음 콜백 함수를 호출해.

아마 조금 헷갈리는 부분이 있을 거야. 사용자에서도 new_message 이벤트를 발생시키고, 서버에서도 같은 이름의 이벤트를 발생시키고 있으니까. 이는 사용자가 보낸 메시지를 서버가 받아서 같은 채팅룸에 있는 모든 사용자에게 보내 주기 위해 이벤트를 탁구공처럼 주고받는 상황인데, 편의상 같은 이름을 사용했지만 이름을 서로 다르게 해도 괜찮으니 헷갈린다면 바꿔도 좋아.

▶ 예를 들어 사용자가 메시지를 보낼 때는 new_message, 서버에서 같은 채팅룸의 모든 사용자에게 다시 메시지를 보낼 때는 send_message로 이벤트명을 정한다고 해도 동작할 때 전혀 문제가 되지 않습니다.

메시지 받기

여기서 정말 중요한 게 남았어. 현재 채팅룸에 접속한 사용자가 메시지를 보내면, 서버가 그걸 받아서 채팅룸에 있는 모든 사용자에게 보내도록 해두었지만, 정작 그 메시지가 화면에 표시되고 있지는 않거든. 이제 사용자에게 전달된 메시지를 화면에 표시해 볼 차례야.

수정해 보자! `./src/public/js/app.js`

```
(...생략...)
form.addEventListener("submit", handleRoomSubmit);

socket.on("welcome", () => {
  addMessage("someone joined!");
})

socket.on("bye", () => {
  addMessage("someone left ㅠㅠ");
})

socket.on("new_message", (msg) => {
  addMessage(msg);
})
```

---

addMessage 함수가 다시 사용됐어. 이제 한 사용자가 메시지를 보내면, 같은 채팅룸에 있는 모든 사용자의 화면에 메시지가 표시될 거야.

▶ addMessage의 사례에서 알 수 있듯, 자주 사용하는 기능을 함수로 만들어 놓으면 코드를 작성할 때 수고를 덜 수 있어 생산성이 향상됩니다.

동작 확인하기

끝이야! 이제 메시지 교환이 잘 이루어지는지 확인해 보기만 하면 돼. tab1과 tab2를 준비하고, 각각 localhost:3000에 새로 접속하자. 그리고 두 탭 모두에서 차례대로 채팅룸 nico에 접속해 줘.

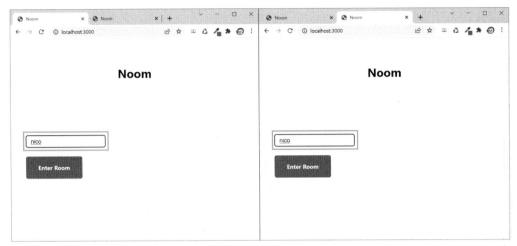

tab1 채팅룸 접속하기   tab2 채팅룸 접속하기

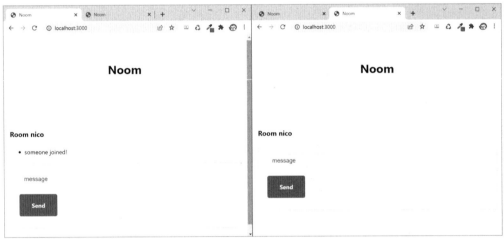

tab1 채팅룸 nico 접속 중   tab2 채팅룸 nico 접속 중

이제 tab1에서 메시지를 입력하고 [Send]를 클릭하면 tab1과 tab2에서 메시지가 표시될 거
야. 아무 메시지나 입력해 봐.

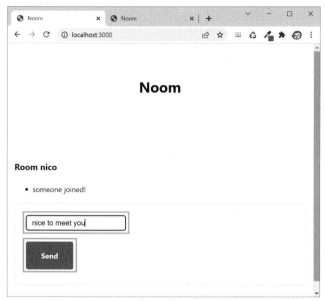

tab1에서 메시지 입력 후 [Send] 클릭

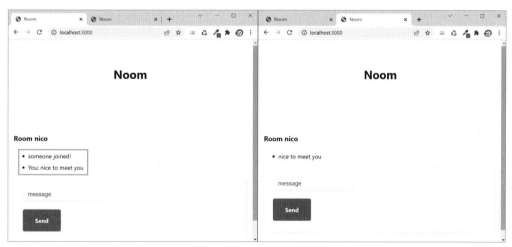

메시지 Send 후 tab1   메시지 Send 후 tab2

메시지가 무사히 전달되었어. 이때 주목할 부분은, 메시지를 입력한 tab1에서는 메시지 앞에 'You:'라는 문자열이 붙지만 메시지를 받기만 한 tab2에서는 아무것도 붙지 않는다는 점이야. 이는 곧 우리의 서버가 메시지를 보낸 게 누구인지를 정확히 알고 있다는 말이 되지. 놀랍지 않아? 다음 장에서는 각 사용자의 닉네임을 추가할 수 있는 기능과 채팅룸에 대한 전반적인 관리를 해볼 거야.

05

채팅룸 완성하기

닉네임을 추가하는 방법은 지금까지 우리가 해왔던 방식과 거의 같아서 어렵지 않을 거야. 여기에 더해 서버에 존재하는 채팅룸을 실시간으로 표시하거나 채팅룸에 참가한 사용자 수를 세는 작업도 해볼 건데, 이 과정 또한 지금까지 해왔던 걸 응용하면 돼.

05-1 닉네임 추가하기

우리는 앞선 03장 '실시간 채팅 완성하기'에서 닉네임 관련 기능을 추가해 본 적이 있어. 그때와 지금의 차이는 핵심 기술이 ws에서 socket.io로 바뀌었다는 사실 한 가지밖에 없어. 우리가 해야 할 일의 기본 절차나 개념은 거의 같아.

액션 01 home.pug 수정하기

닉네임을 입력하려면 일단 입력할 수 있는 폼이 필요하겠지? 메시지 입력 폼과 유사한 형태로 하나를 더 추가해 줘.

수정해 보자! ./src/views/home.pug

```
(...생략...)
body
    header
        h1 Noom
    main
        div#welcome
            form
                input(placeholder="room name", required, type="text")
                button Enter Room
        div#room
            h3
            ul
            form#name
                input(placeholder="nickname", required, type="text")
                button Save
            form#msg
                input(placeholder="message", required, type="text")
                button Send
        script(src="/socket.io/socket.io.js")
        script(src="/public/js/app.js")
```

입력 폼이 2개가 되었으니까 각각의 폼에 name과 msg라는 id를 부여해서 서로 구별해 주었어. 더 잘 구별되도록 닉네임(name) 폼의 플레이스홀더(placeholder)와 버튼(button) 텍스트도 메시지(msg) 폼과 다르게 표시했어.

액션 02 app.js 수정하기

추가한 폼을 처리하기 위해 app.js를 수정할 차례야. 이제 닉네임 폼과 메시지 폼을 구별해야 한다는 점까지 고려해서 수정해야 해.

수정해 보자! ./src/public/js/app.js

```javascript
(...생략...)
function handleMessageSubmit(event){
  event.preventDefault();
  const input = room.querySelector("input");
  const input = room.querySelector("#msg input");
  const value = input.value;
  socket.emit("new_message", value, roomName, () => {
    addMessage(`You: ${value}`);
  });
  input.value = "";
}

function handleNicknameSubmit(event){
  event.preventDefault();
  const input = room.querySelector("#name input");
  const value = input.value;
  socket.emit("nickname", value);
  input.value = "";
}

function showRoom(){
  welcome.hidden = true;
  room.hidden = false;
  const h3 = room.querySelector("h3");
  h3.innerText = `Room ${roomName}`;
  const form = room.querySelector("form");
  form.addEventListener("submit", handleMessageSubmit);
```

```
  const msgForm = room.querySelector("#msg");
  const nameForm = room.querySelector("#name");
  msgForm.addEventListener("submit", handleMessageSubmit);
  nameForm.addEventListener("submit", handleNicknameSubmit);
}
(...생략...)
```

showRoom은 사용자가 채팅룸에 접속하면 동작하는 함수야. 이 함수에서 메시지 폼과 닉네임
폼에 대한 이벤트 핸들러 함수를 모두 등록하면 되는데, 역할에 따라 각 핸들러 함수의 이름
은 handleMessageSubmit과 handleNicknameSubmit으로 정했어. handleMessageSubmit은 이
미 정의되어 있었는데, 폼이 2개가 되었으니 querySeletor의 선택자 부분을 조금 수정해 줘
야 해.

handleNicknameSubmit에서는 사용자가 닉네임을 입력하면 소켓을 통해 nickname 이벤트를
발생시킬 거야. 발생시키는 이벤트 이름 말고는 메시지를 입력했을 때와 크게 다른 건 없지?

액션 03 **server.js 수정하기**

이제 닉네임을 입력할 때 발생하는 nickname 이벤트를 서버에서 처리할 수 있게 해줘
야 해. 이벤트 핸들러 함수를 추가할 거고, 여기에서는 전달받은 value를 토대로 기능을 수행
해 보자.

수정해 보자! **./src/server.js**

```
(...생략...)
wsServer.on("connection", (socket) => {
  socket["nickname"] = "Anon";  ← 닉네임이 입력되기 전에는 익명으로 표시할 거야!
  socket.on("enter_room", (roomName, done) => {
    done();
    socket.join(roomName);
    socket.to(roomName).emit("welcome");
    socket.to(roomName).emit("welcome", socket.nickname);
  });
  socket.on("disconnecting", () => {
```

```
    socket.rooms.forEach(room => socket.to(room).emit("bye"));
    socket.rooms.forEach((room) =>
      socket.to(room).emit("bye", socket.nickname)
    );
  });
  socket.on("new_message", (msg, room, done) => {
    socket.to(room).emit("new_message", msg);
    socket.to(room).emit("new_message", `${socket.nickname}: ${msg}`);
    done();
  });
  socket.on("nickname", (nickname) => (socket["nickname"] = nickname));
});
(...생략...)
```

군데군데 많이 수정했는데, 대부분 이전에 우리가 닉네임을 처리하기 위해 사용했던 방식과
다른 부분은 없어. 일단 닉네임을 입력받기 전에는 모든 사용자가 Anon이라는 이름을 가지도
록 했고, 이건 익명이라는 뜻이야. 그 상태에서 닉네임이 입력되어 nickname 이벤트가 발생하
면 사용자 소켓의 nickname 속성에 값이 대입돼.

nickname 입력 처리가 추가됨에 따라 기존에 이미 정의되어 있던 enter_room과 disconnecting,
new_message 이벤트 핸들러에서 각각 코드를 추가했어. 사용자가 채팅룸에 입장하거나 퇴장
할 때마다 이벤트를 발생시켜 닉네임을 전달하게 했고, 메시지를 입력했을 때는 누가 입력한
메시지인지 표시되도록 메시지에 닉네임을 함께 전달하게 했어.

액션 04 app.js 수정하기

닉네임이나 메시지를 입력해 이벤트가 발생하면 서버에서는 이를 처리하면서 그에
대응하는 이벤트를 발생시켜. 그러면 끝나는 걸까? 그렇지 않아. 서버에서 이벤트가 발생하
면 다시 프런트엔드 쪽에서 이벤트를 받아 처리해야 해. 그래야 사용자가 최종적으로 이벤트
처리 결과를 확인할 수 있으니까.

수정해 보자! ./src/public/js/app.js

```
(...생략...)
socket.on("welcome", () => {
```

```
  addMessage("someone joined!");
});

socket.on("bye", () => {
  addMessage("someone left ㅠㅠ");
});

socket.on("welcome", (userNickname) => {
  addMessage(`${userNickname} arrived!`);
});

socket.on("bye", (userNickname) => {
  addMessage(`${userNickname} left ㅠㅠ`);
});

socket.on("new_message", (msg) => {
  addMessage(msg);
});
```

채팅룸 입장과 퇴장을 뜻하는 welcome과 bye 이벤트를 처리할 때 닉네임을 함께 표시하도록
각 이벤트 핸들러를 조금씩 수정했어.

액션 05 닉네임 테스트하기

닉네임 관련 처리는 모두 추가한 것 같네. 그러면 이제 브라우저를 열고 테스트를 시
작해 보자. 사용자 2명이 같은 채팅룸에 접속해서 대화를 나누고, 한 명이 나가고 난 다음 상
태까지 테스트해 볼 거야. 탭을 2개 열고 차례대로 채팅룸 nico에 접속해 줘.

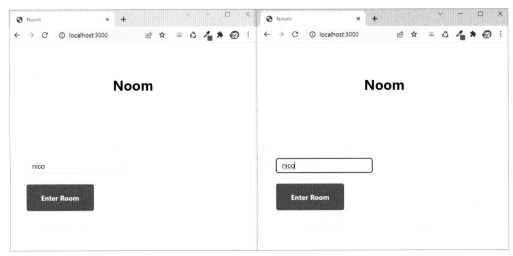

두 탭에서 각각 채팅룸 접속하기

첫 번째 탭이 먼저 nico 채팅룸에 들어가 있는 상태일 때 두 번째 탭이 들어오면 화면에는 익명의 사용자가 접속했다는 텍스트가 표시될 거야. 아직 닉네임을 결정하지 않았기 때문에 Anon이라는 닉네임이 임시로 지정된다는 건 알고 있지?

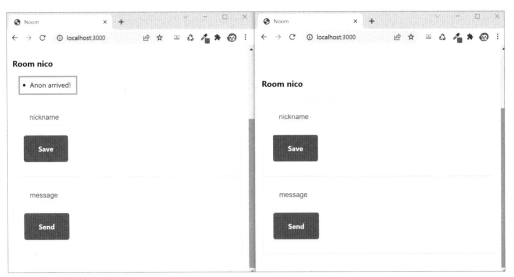

순서대로 채팅룸 참가

두 사용자가 모두 채팅룸에 들어왔다면, 이제 각자 닉네임을 결정해 보자. 여기에서는 첫 번째 탭은 first tab으로, 두 번째 탭은 second tab으로 정했어.

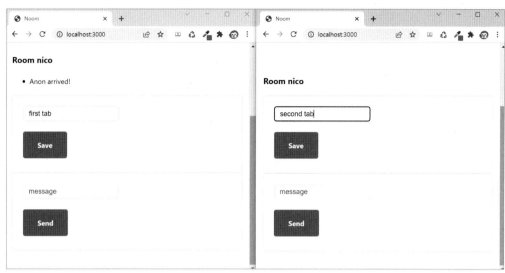

닉네임 입력

닉네임 입력을 마쳤으면 first tab에서 먼저 메시지를 보내.

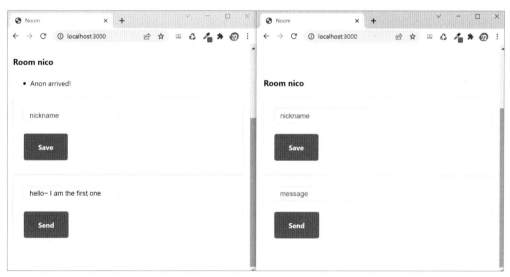

메시지 입력

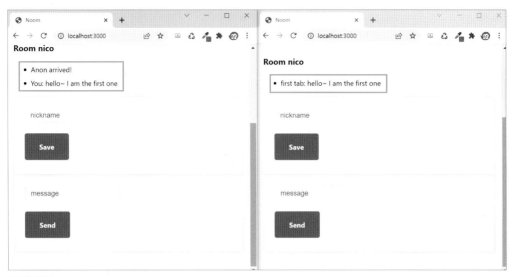

메시지 출력

짠! 봤어? first tab이 보낸 메시지가 두 사용자의 화면에 모두 출력되고 있어. 자기 자신이 보낸 메시지를 출력하기 때문에 first tab의 화면에는 You라는 이름이 표시되었고, second tab의 화면에는 메시지를 보낸 first tab의 이름이 표시되었어. 닉네임 입력 및 처리가 완벽히 잘되고 있는 모양이네. 그럼 이번에는 second tab에서도 메시지를 보내 볼까? "nice to meet you"라고 해보자.

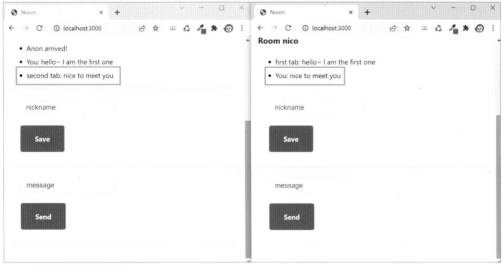

second tab이 전송한 메시지 출력

반대의 경우에도 역시 잘되고 있어. 좋아, 그러면 마지막으로 사용자가 퇴장하는 상황까지 확인해 보자. second tab을 닫아 줘.

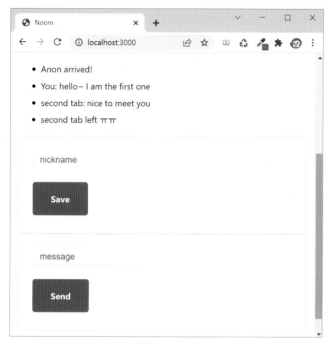

second tab을 닫은 직후 first tab 화면

second tab이 나가면 bye 이벤트가 발생하고, 그에 대한 처리가 정상으로 이루어진 걸 first tab 화면을 통해 확인할 수 있어. 이로써 닉네임 관련 기능 추가 작업은 끝났고, 기능 확인까지 마쳤어.

05-2 채팅룸 관리하기

이제 채팅룸에 간단한 부가 기능을 몇 가지 추가해 볼 건데, 우리가 만든 앱의 특징에 맞춰서 작업하기 위해 먼저 새로운 개념 2가지를 공부해 본 다음 시작할 거야. socket.io의 어댑터adapter와 자바스크립트의 맵map을 알아보자.

액션 01 어댑터 알아보기

서버가 실행되고 나면 서버는 여러 명의 사용자, 즉 여러 개의 사용자 소켓을 서로 연결할 수 있게 돼. 이때 사용자 간의 연결을 위해 어댑터라는 객체가 필요한데, 어댑터는 클라이언트 간의 연결을 중개하는 서버 쪽 구성 요소야. 서버에 연결되어 있는 사용자 소켓이 여러 개인 경우, 서버에서는 발생하는 모든 이벤트가 모든 사용자에게 올바르게 발생할 수 있도록 어댑터를 거쳐 사용자 소켓을 관리하게 돼.

지금 우리 서버는 자체 메모리 안에서 데이터를 보관하고, 또 전송하고 있지. 데이터베이스는 따로 사용하지 않고 있어. 따라서 현재 우리는 단지 메모리 안에서만 사용자 간의 연결을 중개하는 인 메모리 어댑터in-memory adapter를 사용하는 상태야.

데이터베이스를 사용할 경우 데이터베이스가 여러 개의 서버를 통해 사용자에게 데이터를 제공할 수도 있어. 모든 클라이언트가 동일한 서버에 연결돼야만 하는 건 아니거든. 예를 들어 우리가 몽고DB를 사용한다면, 다음과 같은 형태로 어댑터가 사용자 소켓 간의 연결을 중개해 줄 수도 있어.

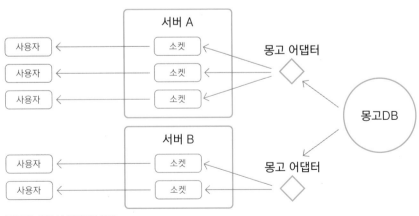

몽고DB 사용 시 어댑터의 중개

우리는 인 메모리 어댑터를 사용하고 있고, 지금 모든 것을 메모리 안에서 해결하고 있어. 그래서 앞으로 코딩 작업에 맞게 작업을 이어 가겠지만, 데이터베이스가 있을 때 어댑터의 역할도 참고해 두는 걸 추천해.

서버에서 어댑터 출력하기

어댑터는 사용자 소켓이 애플리케이션을 사용할 수 있게 해주는 핵심 요소인데, 어댑터는 우리에게 이 애플리케이션에 누가 연결되어 있는지, 또 채팅룸이 얼마나 있는지를 알려 줄 거야. 그럼 어댑터에 직접 접근해서 데이터를 확인해 보자. server.js에 관련 코드를 추가할 거야.

수정해 보자! ./src/server.js

```js
(...생략...)
wsServer.on("connection", (socket) => {
  socket["nickname"] = "Anon";
  socket.onAny((event) => {
    console.log(wsServer.sockets.adapter);
    console.log(`Socket Event: ${event}`);
  });
  socket.on("enter_room", (roomName, done) => {
    socket.join(roomName);
    done();
    socket.to(roomName).emit("welcome", socket.nickname);
  });
  socket.on("disconnecting", () => {
    socket.rooms.forEach((room) =>
      socket.to(room).emit("bye", socket.nickname)
    );
  });
  socket.on("new_message", (msg, room, done) => {
    socket.to(room).emit("new_message", `${socket.nickname}: ${msg}`);
    done();
  })
  socket.on("nickname", (nickname) => (socket["nickname"] = nickname));
});
(...생략...)
```

여기에서 onAny는 소켓에서 발생하는 모든 이벤트에 대응하는 이벤트 핸들러 등록 메서드야. 이벤트를 인자로 전달받고 그것을 콘솔에 출력하지. 이벤트를 출력하기에 앞서 콘솔을 통해 어댑터를 확인하기 위한 코드를 써두었어. `console.log(wsServer.sockets.adapter)` 보이지? 이제 브라우저를 열고 앱에 접속해서 이벤트를 발생시키면 콘솔을 통해 어댑터가 출력될 거야. `enter_room` 이벤트를 발생시켜 보자. 브라우저에서 앱에 접속한 다음, 아무 이름이나 입력해서 채팅룸에 접속해 봐.

```
<ref *2> Adapter {
  _events: [Object: null prototype] {},
  _eventsCount: 0,
  _maxListeners: undefined,
  nsp: <ref *1> Namespace {
    _events: [Object: null prototype] { connection: [Function (anonymous)] },
    _eventsCount: 1,
    _maxListeners: undefined,
    sockets: Map(1) { '2LuSQLVdRKvbs0uNAAAD' => [Socket] },
    _fns: [],
    _ids: 0,
    server: Server {
      _events: [Object: null prototype] {},
      _eventsCount: 0,
      _maxListeners: undefined,
      _nsps: [Map],
      parentNsps: Map(0) {},
      _path: '/socket.io',
      clientPathRegex: /^\/socket\.io\/socket\.io(\.msgpack|\.esm)?(\.min)?\.js(\.map)?(?:\?|$)/,
      _connectTimeout: 45000,
      _serveClient: true,
      _parser: [Object],
```

콘솔을 통해 출력된 어댑터

보이지? 콘솔에 뭔가 나타났어.

액션 03 어댑터 살펴보기

다시 말하지만, 지금 우리가 보고 있는 어댑터는 메모리에 있는 거야. 데이터베이스를 사용하면 그에 맞는 걸로 바꿔서 사용해야 해. 어댑터에는 여러 가지 정보가 포함되어 있는데, 여기서 중요한 게 2가지 있어. 첫 번째는 rooms야. rooms 속성으로 우리는 앱에 있는 모든 채팅룸을 볼 수 있어. 두 번째는 sids인데, 이건 앱 내 각 채팅룸에 연결된 소켓의 id를 볼 수 있는 속성이야.

예를 들어 서버를 새로 실행시키자마자 브라우저를 열고 nico라는 이름의 채팅룸을 만든 상황이라고 해봐. 그리고 여기에서 메시지를 한 번 보내고 나서 곧장 콘솔을 확인해 보면 rooms와 sids의 값은 각각 다음과 같이 표시될 거야.

```
터미널에 표시되는 rooms                                          —  □  ✕

rooms: Map(2) {
'esaOziORcelHkzRBAAAD' => Set(1) { 'esaOziORcelHkzRBAAAD' },
    'nico' => Set(1) { 'esaOziORcelHkzRBAAAD' }
}
```

```
터미널에 표시되는 sids                                            —  □  ✕

sids: Map(1) {
'esaOziORcelHkzRBAAAD' => Set(2) { 'esaOziORcelHkzRBAAAD', 'nico' }
}
```

▶ rooms와 sids의 키(위에서 esaOziORcelHkzRBAAAD)는 실행할 때마다 달라지는 랜덤(random)값입니다.

rooms에는 채팅룸이 2개 표시되고 sids에는 id가 1개 표시되고 있어. 여기에서 id는 당연히
나 자신이야. 그런데 rooms에서 특이한 점이 하나 보이지? nico는 방금 만든 채팅룸이니까 출
력되는 게 당연해 보이는데, 그와 함께 출력된 채팅룸 하나의 이름이 소켓 id와 일치하는 것
을 볼 수 있어. 앞서 04-3절 '채팅룸 만들기'에서 설명했던 프라이빗룸private room이 출력되고
있는 거야. sids 안에 포함되어 있는 속성(위 경우 esaOziORcelHkzRBAAAD)을 rooms에서도 찾
을 수 있다면, 그건 우리가 프라이빗룸을 찾았다는 뜻이 되는 거야. 반면 sids 안에 포함되어
있는 속성을 rooms에서는 찾을 수 없다면, 우리가 공용 채팅룸을 찾았다는 뜻이 되는 거고.
결과적으로 우리는 어댑터를 통해 채팅룸(프라이빗룸과 공용 채팅룸) 2개와 사용자 소켓 1개
를 확인할 수 있어. 그리고 이제 이것들을 이용해서 채팅룸에 부가 기능을 추가할 거야. 그런
데 여기서 한 가지 더 알아야 할 게 있어. rooms와 sids의 속성값을 보면 맵(Map)이라는 타입
이 공통으로 사용되는 것을 확인할 수 있지? 그런데 맵은 JSON 객체나 배열 같은 타입에 비
해 비교적 덜 친숙한 타입이야. 그래서 이게 무엇인지 잘 모르는 사람도 있을 것 같아 조금 알
아보고 나서 다음으로 넘어가자.

액션 04 자바스크립트 맵 살펴보기

맵을 간단히 설명할 건데, 사실 역할이나 형태 자체는 JSON 객체와 무척 비슷해. 자바
스크립트에 존재하는 여느 데이터 타입과 마찬가지로 new 연산자를 통해 새로운 맵을 생성할
수 있어. 맵의 기능을 직접 확인해 보고 싶다면 웹 브라우저 개발자 도구의 콘솔 창에서 다음
코드를 직접 입력해 봐.

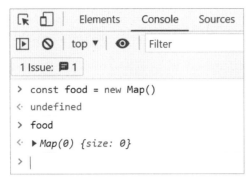

개발자 도구의 콘솔 화면

이 코드의 첫 줄에서는 food라는 데이터가 생성되었는데 이 데이터는 맵 타입의 객체야. 생성 직후 food를 확인해 보니 Map이라는 타입 이름이 출력되지? 그리고 그 옆에는 아직 아무것도 없다는 뜻으로 {size: 0}이 출력돼. 맵은 배열이나 객체와 마찬가지로 데이터를 여러 개 포함할 수 있는 콜렉션collection 타입인데, 포함하고 있는 데이터 개수를 size로 표현해. 그럼 여기에 데이터를 추가하고 확인하는 작업도 해 볼까?

```
> food.set("pizza", 24000)
< ▶ Map(1) {'pizza' => 24000}
> food.get("pizza")
< 24000
> food.get("chicken")
< undefined
> |
```

개발자 도구 콘솔 화면

배열에 데이터를 추가할 때 push 메서드를 사용하듯, 맵에 데이터를 추가할 때는 set 메서드를 사용할 수 있어. 키key와 밸류value를 전달받아 맵에 요소를 추가해 줘. 반대로 포함되어 있는 데이터를 반환하고 싶을 때는 get 메서드를 사용하는데, 전달받은 키에 해당하는 밸류는 반환해 주는 역할을 해. 이때 해당 키가 존재하지 않으면 undefined를 반환하지. 위 코드에서는 "pizza"나 "chicken"이 바로 키에 해당하는 데이터야. 주의해야 할 것은, JSON 객체와 마찬가지로 맵은 고유한 키unique key를 가진다는 특징이 있다는 사실이야. 맵 안에서 키는 중복해서 사용할 수 없어.

액션 05 맵을 이용해 프라이빗룸과 공용 채팅룸 확인하기

우리가 원하는 건, 어댑터를 통해 얻어 낸 rooms와 sids를 토대로 프라이빗룸과 공용 채팅룸을 각각 확인하는 거야. 사용자들은 공용 채팅룸에서 메시지를 주고받을 수 있으니까, 우리는 여러 개의 채팅룸 중에서 공용 채팅룸만 골라낸 다음 우리가 원하는 작업을 수행하면 되는 거야. 이제 맵이 뭔지도 알았으니까 맵의 메서드를 이용해서 기능을 추가해 보자. 공용 채팅룸을 확인할 수 있는 함수를 만들어 볼 거야.

수정해 보자! ./src/server.js

```
(...생략...)
const httpServer = http.createServer(app);
const wsServer = SocketIO(httpServer);

function publicRooms(){
  const sids = wsServer.sockets.adapter.sids;
  const rooms = wsServer.sockets.adapter.rooms;

  const publicRooms = [];
  rooms.forEach((value, key) => {
    if(sids.get(key) === undefined){
      publicRooms.push(key)
    }
  })
  return publicRooms;
}
(...생략...)
```

---

publicRooms 함수에서는 일단 어댑터 객체로부터 sids, rooms 속성을 각각 읽어 들여 저장한 다음, rooms의 키 중에서 sids의 어떤 키와도 일치하지 않는 것들만 따로 publicRooms 배열에 추가해 주도록 했어. 소켓 id와 이름이 같은 채팅룸은 프라이빗룸이라는 것, 기억하지?

여기서 한 가지 추가로 알아야 할 것은, 맵 객체가 호출한 forEach 메서드야. forEach는 이미 배열 객체에서 사용해 본 적이 있는 메서드인데, 맵에서도 사용할 수 있어. 다만 배열에서 forEach는 콜백 함수를 호출할 때마다 배열의 각 요소와 인덱스 번호를 인자로 전달하는 반면, 맵에서 forEach는 콜백 함수를 호출할 때마다 각 밸류와 키를 인자로 전달한다는 사실이야.

방금 만든 코드를 좀 더 쿨한 형태로 변경하려면, 다음과 같이 수정해 주는 것도 좋을 것 같아. 우리는 어댑터 객체(adapter)에서 속성 2개를 반환받고, forEach에서 콜백 함수를 호출할 때는 밸류를 사용하지 않고 키만 사용하니까, 이를 고려해 좀 더 직관적인 코드로 변경할 수 있어.

./src/server.js

```
(...생략...)
const httpServer = http.createServer(app);
const wsServer = SocketIO(httpServer);

function publicRooms(){
  const sids = wsServer.sockets.adapter.sids;
  const rooms = wsServer.sockets.adapter.rooms;
  const {
    sockets: {
      adapter: { sids, rooms },    ← 이런 구문을 '구조 분해 할당'이라고 해!
    },
  } = wsServer;

  const publicRooms = [];
  rooms.forEach((value, key) => {
  rooms.forEach((_, key) => {
    if(sids.get(key) === undefined){
      publicRooms.push(key)
    }
  })
  return publicRooms;
}
(...생략...)
```

▶ 이 절의 끝에 '구조 분해 할당'을 설명하는 보충 수업이 준비되어 있습니다.

액션 06 채팅룸 목록 확인 기능 추가하기

앞에서 만든 함수 publicRooms를 활용해 보자. 이제 우리가 할 것은 채팅룸이 만들어 졌다고 모두에게 알려 주는 거야. 그런데 그건 개별 소켓(socket) 때문에 발생하는 이벤트가 아니야. 서버가 직접 모든 소켓(sockets)에 대해서 발생시키는 이벤트가 되어야 해. 채팅룸 정보는 한 사람만이 아니라 모두에게 알려 줘야 하기 때문이지. 미리 만들어 둔 enter_room 이벤트 핸들러 함수 안에서 누군가 방에 입장할 때마다 알려 주는 기능을 추가할 거야.

```
(...생략...)
wsServer.on("connection", (socket) => {
  socket["nickname"] = "Anon";
  socket.onAny((event) => {
    console.log(wsServer.sockets.adapter);
    console.log(`Socket Event: ${event}`);
  });
  socket.on("enter_room", (roomName, done) => {
    done();
    socket.join(roomName);
    socket.to(roomName).emit("welcome", socket.nickname);
    wsServer.sockets.emit("room_change", publicRooms());
  });
  socket.on("disconnecting", () => {
    socket.rooms.forEach((room) =>
      socket.to(room).emit("bye", socket.nickname)
    );
  });
  socket.on("new_message", (msg, room, done) => {
    socket.to(room).emit("new_message", `${socket.nickname}: ${msg}`);
    done();
  })
  socket.on("nickname", (nickname) => (socket["nickname"] = nickname));
});
(...생략...)
```

publicRooms 함수는 배열을 반환하는데, 그건 우리 서버 안에 있는 모든 채팅룸의 이름이 담긴 배열이야. 사용자가 채팅룸에 접속할 때마다 서버가 room_change라는 이벤트를 발생시켜서 이 배열을 사용자들에게 전달해 주는 거지.

연결 종료 이벤트 추가하기

프런트엔드 쪽에서 room_change 이벤트를 처리하기 전에 서버 쪽 이벤트를 하나 더 추가해 보자. 사용자와 연결이 종료되었을 때에도 채팅룸의 이름이 담긴 배열을 전달하면 좋을 것 같거든.

수정해 보자! ./src/server.js

```javascript
(...생략...)
wsServer.on("connection", (socket) => {
  socket["nickname"] = "Anon";
  socket.onAny((event) => {
    console.log(wsServer.sockets.adapter);
    console.log(`Socket Event: ${event}`);
  });
  socket.on("enter_room", (roomName, done) => {
    done();
    socket.join(roomName);
    socket.to(roomName).emit("welcome", socket.nickname);
    wsServer.sockets.emit("room_change", publicRooms());
  });
  socket.on("disconnecting", () => {
    socket.rooms.forEach((room) =>
      socket.to(room).emit("bye", socket.nickname)
    );
  });
  socket.on("disconnect", () => {
    wsServer.sockets.emit("room_change", publicRooms());
  });
  socket.on("new_message", (msg, room, done) => {
    socket.to(room).emit("new_message", `${socket.nickname}: ${msg}`);
    done();
  })
  socket.on("nickname", (nickname) => (socket["nickname"] = nickname));
});
(...생략...)
```

disconnect 이벤트를 추가해서 사용자가 채팅룸을 떠날 때의 이벤트 핸들러 함수를 등록했어. 여기에서도 서버가 room_change 이벤트를 발생시킬 거야. 그런데 이 과정에서 특이한 점이 하나 보이지? 이미 우리는 disconnecting 이벤트를 처리하는 코드를 작성해 둔 상태였는데, 이번에는 disconnect 이벤트에 대한 처리를 추가했어. disconnecting과 disconnect 모두 연결이 해제되었다는 의미로 보이는데, 어떤 차이가 있는 걸까?

둘 사이의 차이는 간단해. 사용자가 채팅룸을 나가려고 브라우저를 끄면 채팅룸에서 사용자가 사라지고 소켓과 연결이 해제될 텐데, 연결이 완전히 해제되기 직전에 발생하는 이벤트가 disconnecting이야. 이후 연결이 완전히 해제되었을 때 발생하는 이벤트가 disconnect인 것이지. 채팅룸이 사라지려면 사용자 소켓과 연결이 완전히 해제되어야 하니까, 채팅룸 목록은 disconnect에서 보내 주는 게 좋겠지? 그럼 서버에서 채팅룸 목록을 보내 주는 건 됐으니, 프런트엔드 쪽에서 확인해 보자.

수정해 보자! ./src/public/js/app.js

```
(...생략...)
socket.on("new_message", (msg) => {
  addMessage(msg);
});

socket.on("room_change", (rooms) => {
  console.log(rooms);
});
```

일단 room_change 이벤트가 발생해서 전달된 채팅룸 목록이 잘 출력되는지 확인해 보자.

액션 08 이벤트 확인하기

콘솔 출력을 확인하기 위한 사용자와 채팅룸에 접속했다가 퇴장할 사용자가 각각 필요한 상황이니까, 브라우저에서 탭을 2개 열고 첫 번째 탭에서는 콘솔을 열어 둬.

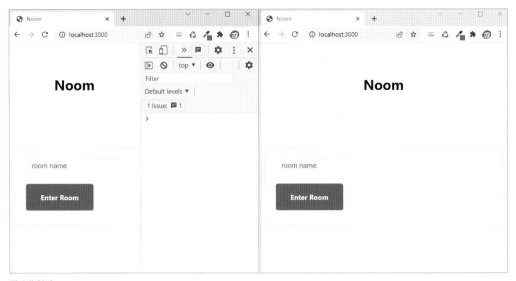

탭 2개 열기

그런 다음 두 번째 탭에서 채팅룸에 접속해 보자. nico라는 이름을 입력해서 enter_room 이벤트를 발생시켜.

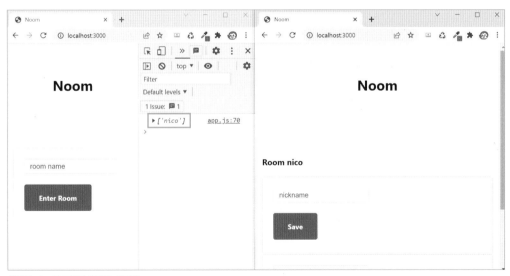

채팅룸 nico가 포함된 배열이 출력됨

두 번째 탭에서 채팅룸에 접속하자마자 첫 번째 탭의 콘솔에 배열이 출력됐어. 서버에서 change_room 이벤트를 통해 전달해 준 채팅룸 배열이야. 이벤트가 잘 처리되고 있는 것 같네. 여세를 몰아 퇴장도 해보자. 두 번째 탭을 닫아서 연결을 해제해 봐.

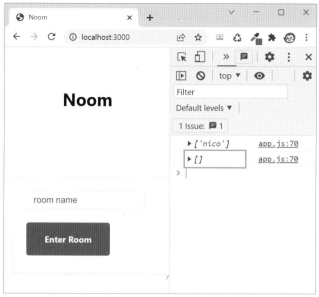

두 번째 탭을 닫은 직후의 콘솔 화면

두 번째 탭을 닫고 연결을 해제함으로써 채팅룸 nico에는 아무도 없는 상태가 되었어. 아무도 없는 채팅룸은 결국 존재하지 않는 채팅룸인 거지? 그래서 첫 번째 탭의 콘솔에는 빈 배열이 표시되었어. publicRooms가 [ ] 상태라는 거야.

액션 09 채팅룸 목록 표시하기

좋아, 여기까진 완벽해! 이제 우리는 채팅룸 목록 publicRooms를 콘솔이 아닌 화면에다 표시하기만 하면 돼. 바로 해보자. home.pug를 조금 수정해야 하는데, 내 생각에는 id 속성값이 welcome인 영역의 폼 요소 안에 채팅룸 목록을 표시하는 게 좋을 것 같아.

수정해 보자! ./src/views/home.pug

```
(...생략...)
  body
    header
      h1 Noom
    main
      div#welcome
        form
          input(placeholder="room name", required, type="text")
          button Enter Room
        h4 Open Rooms:
```

```
        ul
    div#room
      h3
      ul
      form#name
        input(placeholder="nickname", required, type="text")
        button Save
      form#msg
        input(placeholder="message", required, type="text")
        button Send
    script(src="/socket.io/socket.io.js")
    script(src="/public/js/app.js")
```

채팅룸 이름을 입력할 수 있는 폼 안에 Open Rooms라는 제목을 추가했고, 그 아래에는 ul로 목
록을 만들어 두었어. 그리고 이 안에 채팅룸 개수만큼 li를 만들 거야. 이제 스크립트를 추가
하자.

수정해 보자! **./src/public/js/app.js**

```
(...생략...)
socket.on("new_message", (msg) => {
  addMessage(msg);
});


socket.on("room_change", (rooms) => {
  console.log(rooms);
  const roomList = welcome.querySelector("ul");
  roomList.innerHTML = "";
  if(rooms.length === 0){
    return;
  }
  rooms.forEach((room) => {
    const li = document.createElement("li");
    li.innerText = room;
    roomList.append(li);
  });
});
```

▶ rooms는 서버로부터 전달받은 publicRooms입니다.

home.pug에 추가한 ul을 선택해 roomList라는 이름을 정해 준 다음, rooms의 요소 하나하나를 그 안에 추가하는 작업이야. li를 만들고 ul 안에 넣는 게 핵심인데, 그 전에 몇 가지 장치가 마련되어 있기도 해.

roomList.innerHTML = "";는 ul에 빈 문자열을 대입해서 ul 내부에 있던 기존 내용을 삭제하는 효과가 있어. 우리가 room_change 이벤트를 처리할 때마다 채팅룸 목록을 화면에 새로 표시하기 때문에 매번 이 작업을 해줘야 해. 그 아래 if 문은 방이 하나도 없을 경우에는 굳이 forEach 메서드를 실행시킬 필요가 없어서 추가해 준 코드야. 그럼 동작을 확인해 볼까?

액션 10 동작 확인하기

동작 확인 순서는 앞서 액션 8에서 했던 것과 거의 같아. 다만 이번에는 콘솔이 아닌 화면을 통해 채팅룸 목록을 직접 표시해 줄 거야. 먼저 사용자 소켓 2개를 준비하자. 브라우저를 이용해 탭을 2개 열어.

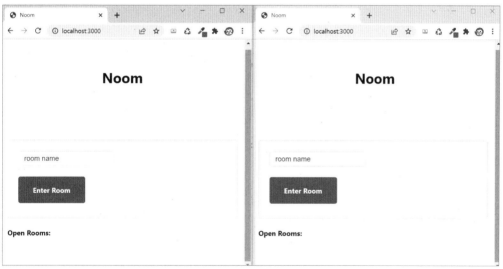

탭 2개 열기

탭 2개 가운데 두 번째 탭에서 채팅룸 nico에 접속해 보자.

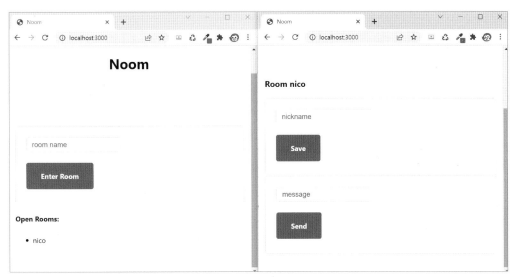

채팅룸 nico 생성

두 번째 탭은 채팅룸 nico에 접속한 상태가 되고, 첫 번째 탭에는 채팅룸 이름이 표시되었어. 그렇다면 이번에는 탭을 추가로 하나 더 열어서 새로운 채팅룸을 또 만들어 보자.

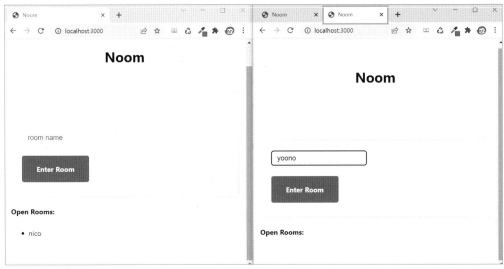

세 번째 탭 추가

세 번째 탭을 추가로 열었고, 여기에서는 yoono라는 이름의 채팅룸을 생성해 보자.

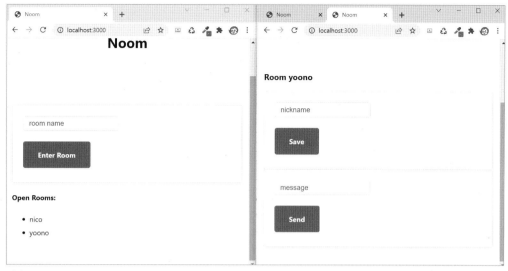

채팅룸 yoono 생성

채팅룸 yoono까지 생성됐고, 첫 번째 탭에는 이제 채팅룸 2개가 함께 표시되고 있어. 이제 마지막으로 채팅룸에서 나가면 어떻게 되는지도 확인해 보자. nico 채팅룸에 접속한 두 번째 탭을 닫아서 연결을 해제해.

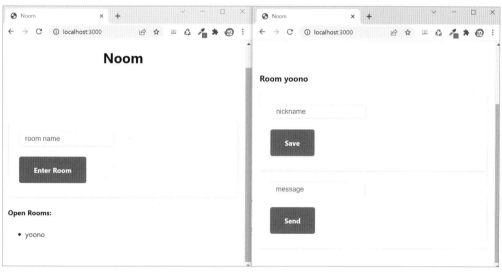

채팅룸 nico에서 퇴장

nico에 있던 사용자가 나감으로써 이제 nico 채팅룸은 존재하지 않는 상태가 되었어. 이에 따라 첫 번째 탭에서는 nico를 더 이상 표시하지 않고 있지. room_change 이벤트에 대한 처리가 잘 동작하고 있음을 모두 확인했어.

구조 분해 할당

구조 분해 할당이란, 배열이나 객체의 속성을 해체하여 그 값을 개별 변수에 담을 수 있게 하는 자바스크립트 표현식입니다. 우리 코드에서는 객체에 대한 구조 분해 할당을 구현했는데, 이해를 돕기 위해 간단한 예제를 살펴보겠습니다.

객체 대상 구조 분해 할당

```
const dragonBall = {
  sonGoku: "손오공",
  sonGuhan: "손오반",
  vegeta: "베지터",
  picolo: "피콜로",
  kuririn: "크리링"
};

const { sonGoku, kuririn } = dragonBall;
console.log(sonGoku, kuririn);
```

위 예제의 실행 결과

```
손오공 크리링
```

위 예제의 dragonBall 객체에는 키 5개를 정의하고 있습니다. 이 객체로부터 키 2개에 해당하는 밸류 2개만 복사하고 싶을 때 구조 분해 할당을 사용할 수 있습니다. 예제에서는 sonGoku와 kuririn 키에 해당하는 값 2개만 복사하는 구조 분해 할당을 수행했고, 맨 아랫줄에서는 콘솔 출력을 수행하고 있습니다. 그 결과 '손오공 크리링'이 출력됩니다. 이 두 값은 객체의 값을 복사해 할당한 독립적인 변수로, 객체를 참조하지 않습니다. 따라서 이 변수는 객체에 아무 영향을 끼치지 않습니다.

05-3 | 사용자 수 표시하기

잘 따라오고 있어? 좋아. 이제 드디어 마지막이야. 사용자 수를 표시하는 작업을 해보자. 채팅
룸을 이리저리 옮겨 다닐 때마다 정확하게 그 채팅룸 안에 있는 사용자만 확인할 수 있게 할
거야.

액션 01 | 사용자 목록을 표현하는 셋 이해하기

앞서 우리는 어댑터가 무엇인지 알아보고, 어댑터 객체의 속성 rooms를 통해 맵을 얻
을 수 있다는 걸 확인했지? console.log(wsServer.sockets.adapter) 코드였는데, 이를 이
용해서 그 안에 rooms가 있다는 걸 확인하기도 했고, 해당 데이터를 직접 활용해서 채팅룸 목
록을 표시해 보기도 했지. 우리가 콘솔에서 확인했던 걸 다시 살펴보자.

```
터미널에 표시되는 rooms                                          — □ ✕

rooms: Map(2) {
'esaOziORcelHkzRBAAAD' => Set(1) { 'esaOziORcelHkzRBAAAD' },
    'nico' => Set(1) { 'esaOziORcelHkzRBAAAD' }
}
```

이 맵에는 요소 2개가 포함되어 있고, 각각의 키가 바로 채팅룸의 이름을 뜻해. 이 중에서도
esaOziORcelHkzRBAAAD는 사용자 소켓 id로, 채팅룸 이름이 소켓 id와 같다는 건 그것이 프라
이빗룸이라는 뜻이었지.

그런데 앞서 우리가 살펴보지 않은 부분이 있지? 바로 맵의 밸류들이야. 여기서 볼 수 있듯 맵
요소의 밸류로는 채팅룸 안에 접속한 사용자를 표현하기 위해 각각 셋(Set)이라는 타입의 데
이터들이 배치되어 있어. 셋은 맵, 객체, 배열 등과 같은 콜렉터 타입인데 배열과 유사한 타입
이야. 다만 셋은 배열과 달리 요소 중복을 허용하지 않지. 셋을 만들고 셋의 요소 수를 구하는
코드를 살펴보자.

셋 생성 후 요소 및 요소 수 확인

맨 윗줄에서 new 연산자를 통해 셋을 생성하고 있어. 여기에서는 생성자에 배열을 전달해 주었는데, 이때 셋은 배열의 요소를 자신의 요소로 포함시켜 줘. 생성한 후에는 food를 확인해 봤는데, 여기서 특징이 드러나지? 셋은 배열처럼 요소 하나하나를 포함하는 구조이지만, 배열과 달리 값의 중복은 허용하지 않아. 따라서 love를 2개 전달받았는데도 하나만 포함하고 있지. food를 확인한 다음에는 요소 수를 확인해 보았는데, 배열의 length 속성과 같은 역할을 셋에서는 size 속성이 담당해. 요소 수가 2개인 것이 확인됐지?

액션 02 사용자 수 파악하기

셋을 간단히 알아봤으니 이제 rooms에 포함된 셋을 이용해서 채팅룸 안의 사용자들을 파악해 보자. 누군가 채팅룸에 새로 입장하거나 퇴장할 때마다 사용자가 몇 명이나 있는지를 알려 주면 좋을 것 같아. 그러려면 일단 rooms에서 우리가 찾는 채팅룸의 키를 얻어야 하고, 그다음 채팅룸의 키에 해당하는 셋의 size를 구하는 거야.

수정해 보자! ./src/server.js

```
(...생략...)
function publicRooms(){
  const {
    sockets: {
      adapter: { sids, rooms },
    },
  } = wsServer;

  const publicRooms = [];
  rooms.forEach((_, key) => {
```

```
      if(sids.get(key) === undefined){
        publicRooms.push(key)
      }
    })
    return publicRooms;
}


function countRoom(roomName){
  return wsServer.sockets.adapter.rooms.get(roomName)?.size;
}


wsServer.on("connection", (socket) => {
(...생략...)
```

countRoom이라는 간단한 함수를 선언했어. 채팅룸 이름 roomName을 받아서 어댑터의 rooms
에 그 채팅룸이 있는지 검사하고, 있으면 셋의 size를 얻어서 반환하는 함수야. 여기에서는
채팅룸이 있는 경우에만 size를 얻기 위해 ? 연산자를 사용했어. 이 함수를 적재적소에 배치
해 보자.

수정해 보자! ./src/server.js

```
(...생략...)
wsServer.on("connection", (socket) => {
  socket["nickname"] = "Anon";
  socket.onAny((event) => {
    console.log(wsServer.sockets.adapter);
    console.log(`Socket Event: ${event}`);
  });
  socket.on("enter_room", (roomName, done) => {
    done();
    socket.join(roomName);
    socket.to(roomName).emit("welcome", socket.nickname, countRoom(roomName));
    wsServer.sockets.emit("room_change", publicRooms());
  });
  socket.on("disconnecting", () => {
```

```
    socket.rooms.forEach((room) =>
      socket.to(room).emit("bye", socket.nickname, countRoom(room) - 1)
    );
  });
  socket.on("disconnect", () => {
    wsServer.sockets.emit("room_change", publicRooms());
  });
  socket.on("new_message", (msg, room, done) => {
    socket.to(room).emit("new_message", `${socket.nickname}: ${msg}`);
    done();
  })
  socket.on("nickname", (nickname) => (socket["nickname"] = nickname));
});
(...생략...)
```

enter_room과 disconnecting 이벤트가 발생할 때마다 countRoom 함수를 호출해 반환값을
전달하도록 했어. enter_room은 입장, disconnecting은 퇴장할 때 발생하는 이벤트인데, 함
수를 사용하는 방식이 서로 조금 달라. disconnecting에서는 어째서 반환값에서 1을 뺀 다음
값을 전달할까? 눈치챘을 수도 있지만, disconnecting은 사용자가 퇴장을 결정한 뒤 연결이
해제되기 직전에 발생하는 이벤트라서 그래. 연결이 해제되기 직전이면 나가려는 사람의 수
를 포함해서 숫자를 셀 테니까, 여기에서 1을 빼야 남은 사용자 수가 되는 거야.

액션 03 app.js 수정하기

서버에서 채팅룸의 사용자 수를 넘겨주니까, 이제 프런트엔드 쪽에서 기존에 정의해
둔 이벤트 핸들러 함수들을 조금씩만 수정해 사용자 수를 표시하면 돼.

수정해 보자! ./src/public/js/app.js

```
(...생략...)
form.addEventListener("submit", handleRoomSubmit);

socket.on("welcome", (userNickname) => {
  addMessage(`${userNickname} arrived!`);
});
```

```
socket.on("bye", (userNickname) => {
  addMessage(`${userNickname} left ㅠㅠ`);
});
socket.on("welcome", (userNickname, newCount) => {
  const h3 = room.querySelector("h3");
  h3.innerText = `Room ${roomName} (${newCount})`;
  addMessage(`${userNickname} arrived!`);
});

socket.on("bye", (userNickname, newCount) => {
  const h3 = room.querySelector("h3");
  h3.innerText = `Room ${roomName} (${newCount})`;
  addMessage(`${userNickname} left ㅠㅠ`);
});

socket.on("new_message", (msg) => {
  addMessage(msg);
});
(...생략...)
```

welcome과 bye 이벤트 핸들러 함수에서 querySelector를 통해 선택한 h3 요소는 id가 room인
영역 안에 있어. 해당 영역은 채팅룸에 입장한 후에 나타나므로 채팅룸에 입장한 상태가 아니
라면 화면에는 사용자 수가 표시되지 않아.

액션 04 사용자 수 확인하기

이제 화면을 직접 확인해 볼 차례야. 사용자 수를 세려면 사용자 소켓이 많이 필요하
니까 그만큼 탭도 많이 필요하겠네. 헷갈리지 않도록 조심해. 일단 처음에는 탭을 2개 열고 시
작하자.

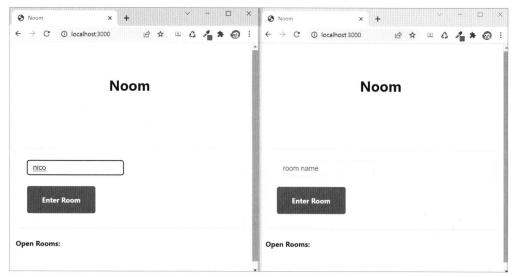

탭 2개 열기

첫 번째 탭에서 nico 채팅룸을 생성해.

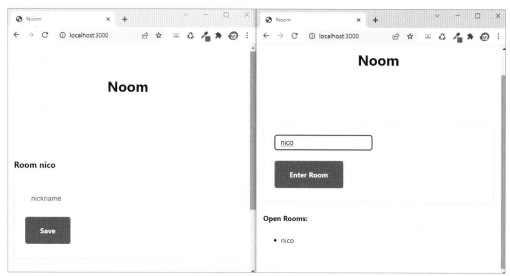

채팅룸 nico 생성

채팅룸이 만들어졌어. 그런데 아직 사용자 수가 표시되지 않아. welcome이나 bye는 기존에 접속해 있던 소켓에 대해 발생하는 이벤트여서 이제 막 접속한 소켓에게는 사용자 수가 전달되지 않아서 그래. 이어서 두 번째 탭에서 nico 채팅룸에 접속해 보자.

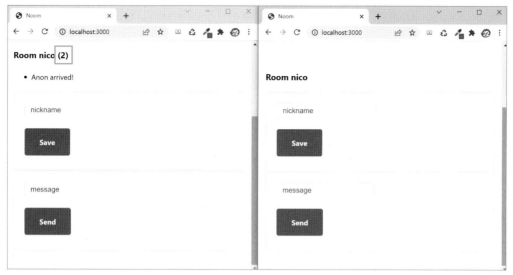

사용자 수 출력

두 번째 탭에서 nico 채팅룸에 접속하자마자 첫 번째 탭에 사용자 수(2)가 표시되는 게 보이지? 한 명 더 접속하면 3이 될 텐데, 바로 해보자.

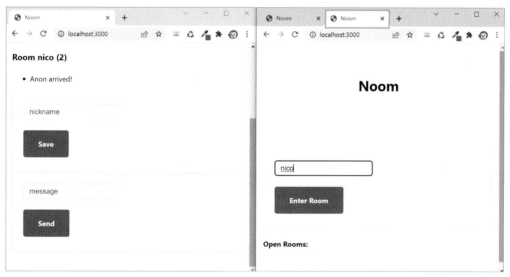

세 번째 탭 추가

세 번째 탭을 열고 nico에 접속해 봐.

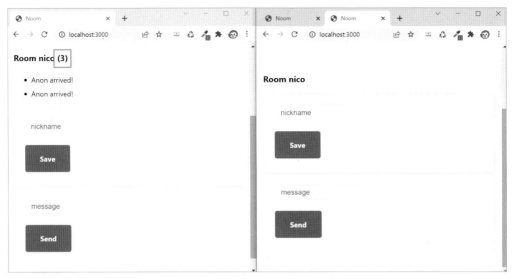

사용자 수 출력

이제 사용자가 3명이 됐네. 정확하게 표시되고 있어. welcome 이벤트는 잘 처리되고 있으니 이번에는 bye 이벤트를 확인할 차례야. 마지막에 연 세 번째 탭을 닫아 보자.

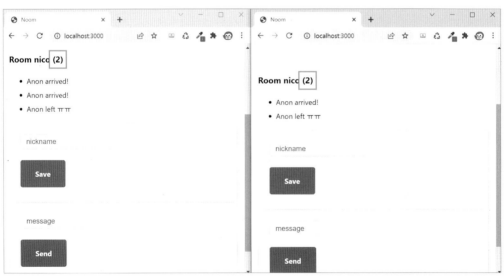

세 번째 탭을 닫은 직후 화면

사용자 수가 2명으로 바뀌었어. 이것도 잘 되네. 그럼 마지막으로 두 번째 탭도 닫아 보자.

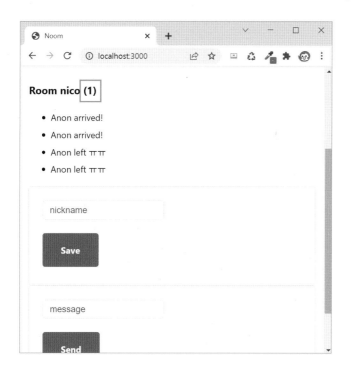

1명밖에 안 남았다고 나오네! 남은 1명은 당연히 지금 열려 있는 첫 번째 탭일 거야. 사용자가 들어오고 나갈 때마다 'Anon arrived!'나 'Anon left ㅠㅠ' 같은 메시지가 추가되는 것도 봤지? 확인은 완료했고, 동작에는 문제가 없었어.

socket.io가 얼마나 편리하고 기능이 많은지를 충분히 느꼈지? 직접 사용해 봄으로써 더 확실하게 느꼈을 거라 생각해. socket.io는 한계가 없다고 생각될 정도로 기능이 많고 또 무척 안정된 라이브러리이니까 이 책의 내용과 상관없이 혼자서도 여러 가지 만들어 보도록 꼭 시도해 봐.

socket.io에 초점을 맞춘 작업은 여기까지야. 남은 작업에서도 socket.io를 계속 사용할 테지만, 이제 채팅 기능을 더 확장할 거야. 카메라를 도입해 화상 채팅을 할 수 있도록 하는 게 우리의 최종 목표거든! socket.io 작업을 마무리하고, 이제 다음 단계로 슬슬 진출해 보자.

05-4 Admin panel 사용하기

화상 채팅을 위한 작업으로 넘어가기 전에, 여러분을 위해 준비한 보너스가 하나 있어. socket.io의 관리자용 서비스인 Admin panel을 마지막으로 소개하고 넘어갈까 해. socket. io를 이용해 계속해서 애플리케이션을 개발해 보고 싶은 사람은 이 부분도 꼭 확인해 보길 바랄게.

액션 01 Admin UI 설치하기

socket.io는 우리가 만든 서버를 위한 관리자 UI$^{user\ interface}$를 제공해 줘. 이를 이용하면 우리는 모든 소켓과 룸을 확인할 수 있어. 사용하는 방법도 무척 간단해. 터미널에서 다음 명령어를 입력해 보자.

```
터미널                                                          □ ×
> npm i @socket.io/admin-ui
```

입력을 마치면 설치하기 시작할 거야. 그다음에 서버 쪽 코드를 조금만 수정하면 바로 Admin UI를 확인할 수 있어.

▶ 이 명령어를 입력했을 때 SplattingNotPermitted 오류가 발생하는 경우도 있습니다. 그럴 때는 npm i "@socket.io/admin-ui" 와 같이 패키지 부분을 큰따옴표로 묶어서 입력하면 해결됩니다. 이는 터미널에서 특수 기호를 입력받지 못해 생기는 오류입니다.

액션 02 server.js 수정하기

Admin UI를 위해 방금 설치한 패키지에서 **instrument**라는 걸 가져와야 해. 그리고 우리가 socket.io 서버를 만들었던 방식을 조금 변경해야 해. 누구나 쉽게 접근할 수 있는 데모 버전의 Admin UI를 살펴볼 건데, 먼저 환경 설정을 해볼 거야.

```
수정해 보자!  ./src/server.js

import http from "http";
import SocketIO from "socket.io";
import { Server } from "socket.io";
```

```
import { instrument } from "@socket.io/admin-ui";
import express from "express";


const app = express();


app.set("view engine", "pug");
app.set("views", __dirname + "/views");
app.use("/public", express.static(__dirname + "/public"));
app.get("/", (req, res) => res.render("home"));
app.get("/*", (req, res) => res.redirect("/"));


const httpServer = http.createServer(app);
const wsServer = SocketIO(httpServer);
const wsServer = new Server(httpServer, {
  cors: {
    origin: ["https://admin.socket.io"],      데모 URL이 제공돼!
    credentials: true
  }
});


instrument(wsServer, {
  auth: false
});
(...생략...)
```

instrument를 설치한 다음 socket.io 서버를 만들었던 방식을 변경했어. 서버를 만들 때 내부
객체를 보면 **origin**이라는 속성이 있는데, 여기에는 socket.io에서 제공하는 데모 서버 주소
를 지정했어. 만일 네가 개인적으로 서버를 가지고 있다면 해당 서버의 주소를 여기에 넣고
사용하면 돼. instrument는 우리 서버가 비밀번호를 사용할 수 있도록 **auth** 속성을 **false**로
지정했어. 이게 다야. Admin UI의 데모 버전을 사용할 때 필요한 환경 설정은 끝났어.

액션 03 **관리자 페이지 접속하기**

이제 Admin UI를 확인할 수 있도록 관리자 페이지에 접속해 보자. 먼저 브라우저를
시크릿 모드로 열어 줘. 크롬 브라우저를 사용한다면 Ctrl + Shift + N 을 누르면 시크릿 모
드 브라우저가 열릴 거야. 그다음 https://admin.socket.io로 접속해. 그럼 페이지가 열리면

서 입력 폼이 있는 대화상자가 하나 나타날 거야.

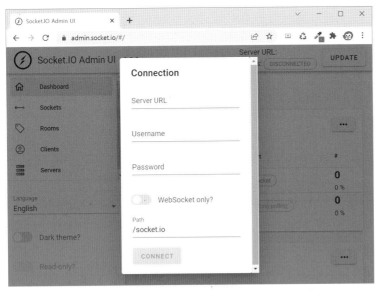

https://admin.socket.io

대화상자 이름은 Connection인데 서버가 있는 주소를 연결하라는 뜻이야. 우리는 현재 localhost를 이용해서 서버를 운용하고 있으니, 그걸 써주면 돼. 여기에 admin까지 붙여 줘. path는 현재 우리에게 필요 없는 항목이니 지우자. 그리고 맨 아래 [CONNECT] 버튼을 클릭해 줘.

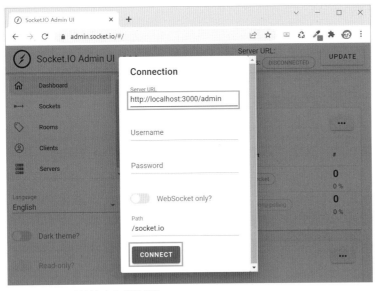

http://localhost:3000/admin 입력 화면

이제 관리자용 페이지에 접속했어. 여기에서는 소켓이나 룸, 서버의 현황을 열람할 수 있는데, 서버의 상황이 변하면 시시각각 반영되니까 이 페이지의 정보는 관리자에게 상당히 의미있는 정보라고 할 수 있어.

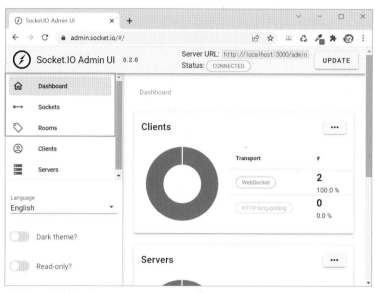

Admin panel 접속 완료

화면의 왼쪽 상단에는 항목별 현황을 확인할 수 있는 메뉴가 있는데, 먼저 [Servers]를 한번 확인해 볼까?

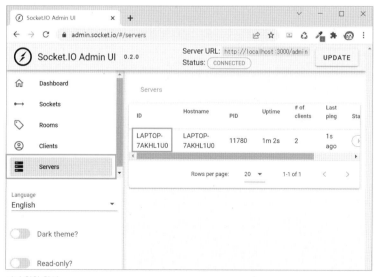

서버 현황 확인

서버 현황에는 서버를 구동하는 기기의 정보가 보여. 'LAPTOP-7AKHL1U0'은 이 책의 원고를 집필할 때 사용한 컴퓨터의 ID야. 신기하지?

액션 04 **사용자 소켓 추가하기**
다른 것도 해보자. 서버에 채팅룸을 만들고 사용자 2명을 접속시킨 다음, 관리자 페이지가 어떻게 달라지는지 확인해 볼 거야. 채팅룸 이름은 nico로 하자.

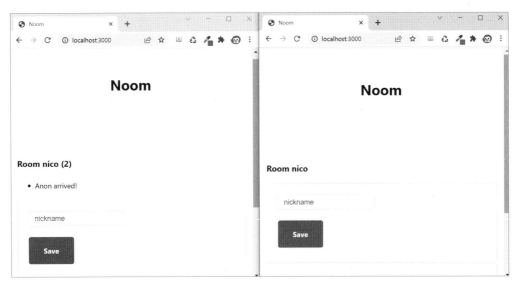

사용자 2명이 nico 채팅룸에 접속한 모습

사용자는 2명이고 채팅룸은 1개니까 관리자용 페이지에도 이 정보가 나올 거야. 그런데 이때 잊어서는 안 되는 사실이 하나 있지. 그건 바로 룸 중에는 사용자별로 할당되는 프라이빗룸이라는 게 있어서 우리가 확인할 수 있는 룸의 개수는 1개가 아닌 3개라는 사실이야.

액션 05 **관리자 페이지 열람하기**
다시 관리자용 페이지로 가서 메뉴에서 [Sockets]와 [Rooms]를 각각 확인해 보자. 먼저 소켓 메뉴부터.

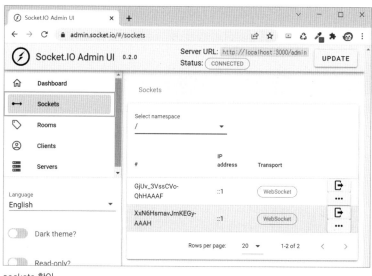

sockets 확인

현재 서버에 접속한 사용자 2명의 정보가 표로 정리되어 있어. # 항목에 표시되는 문자열이 소켓 id야. 웹소켓으로 통신하고 있어서 Transport 항목에는 WebSocket이라고 표시되네. 다음은 룸 메뉴를 보자.

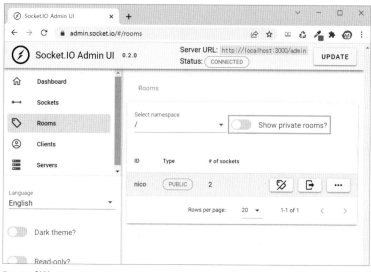

Rooms 확인

룸 메뉴의 표에는 우리의 채팅룸 nico가 당당하게 표시되고 있어. # of sockets 항목에는 2가 쓰여 있는데, 사용자가 2명 접속해 있으니 당연한 거지. 그런데 여기서 잠깐, 앞서 내가 '확인할 수 있는 룸은 3개'라는 말을 했잖아? 그러나 지금은 룸이 1개만 보여. 왜 그럴까? 왜냐하면 기본적으로 이 메뉴에서는 프라이빗룸을 보여 주지 않거든. 프라이빗룸을 함께 보고 싶을 때는 표 상단에 있는 'Show private rooms?(프라이빗룸 보기)' 메뉴를 토글해야 해.

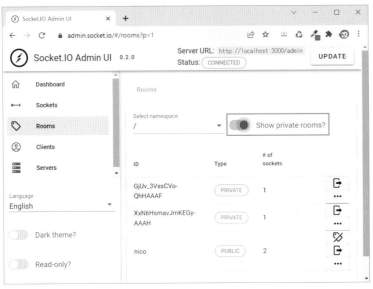

프라이빗룸 함께 보기

프라이빗룸 보기 기능을 활성화했어. 이제 룸이 3개 보이지? 프라이빗룸의 id는 각 사용자 소켓의 id와 같아야 하니 이 부분도 확인해 봐.

끝이야. 어때, 놀랍지 않아? 여러분에게 보여 주고 싶어서 추가한 작은 보너스였어. 관리자용 페이지에서 제공하는 Admin UI는 socket.io를 사용해서 자신만의 앱을 만들고 싶은 사람이라면 꼭 알아 두어야 할 좋은 기능이야. 참고해 주길 바라고, 이제 socket.io는 슬슬 마무리하고 다음 단계로 넘어가 보자. 새로운 개념이 등장하고 사용할 기능이나 코딩 기법 등도 조금씩 달라지겠지만, 지금까지 해온 건 잊지 말고 기억해 줘. 준비됐지?

06

화상 채팅 준비하기

- -

이제는 단순히 메시지를 교환하는 채팅이 아니라 서로 화면을 교환할 수 있는 화상 채팅을 만들 때가 왔어. 우리가 사용하는 PC나 스마트폰에는 대개 카메라가 내장되어 있는데, 카메라는 화상 채팅의 핵심 재료라고 할 수 있지. 이제 우리는 눔을 최종 완성하기 위한 작업을 시작할 거야. 눔이 카메라를 제어해서 화면을 실시간으로 공유하게 만들 걸 생각하니 무척 기대된다. 자, 이제 전반전은 끝났고, 남은 후반전도 즐기면서 한번 해보자고!

06-1 카메라 불러오기

자바스크립트는 웹 콘텐츠를 다룰 수 있는 다양한 구문 규칙을 제공해. 그것만으로도 정말 훌륭한데, 자바스크립트는 여기에서 그치지 않고 PC나 모바일 환경에 설치된 기기를 제어할 수 있는 기능도 많아. 그래서 우리의 앱이 기기에 장착된 카메라를 사용하도록 할 수 있어.

액션 01 새롭게 시작하기

이제부터는 화면 교환 기능을 추가한 화상 채팅 앱을 새롭게 구현할 거야. 먼저 기존에 작성한 채팅과 관련된 내용을 서버 쪽과 프런트엔드 쪽에서 모두 삭제하고 시작해야 해.

수정해 보자! ./src/server.js

```
import http from "http";
import { Server } from "socket.io";
import { instrument } from "@socket.io/admin-ui";
import SocketIO from "socket.io";
import express from "express";

const app = express();

app.set("view engine", "pug");
app.set("views", __dirname + "/views");
app.use("/public", express.static(__dirname + "/public"));
app.get("/", (_, res) => res.render("home"));
app.get("/*", (_, res) => res.redirect("/"));

const httpServer = http.createServer(app);
const wsServer = SocketIO(httpServer);
const httpServer = http.createServer(app);
const wsServer = new Server(httpServer, {
  cors: {
    origin: ["https://admin.socket.io"],
    credentials: true
```

```javascript
  }
});

instrument(wsServer, {
  auth: false
});

function publicRooms(){
  const {
    sockets: {
      adapter: { sids, rooms },
    },
  } = wsServer;

  const publicRooms = [];
  rooms.forEach((_, key) => {
    if(sids.get(key) === undefined){
      publicRooms.push(key)
    }
  })
  return publicRooms;
}

function countRoom(roomName){
  return wsServer.sockets.adapter.rooms.get(roomName)?.size;
}

wsServer.on("connection", (socket) => {
  socket["nickname"] = "Anon";
  socket.onAny((event) => {
    console.log(wsServer.sockets.adapter);
    console.log(`Socket Event: ${event}`);
  });
  socket.on("enter_room", (roomName, done) => {
    done();
    socket.join(roomName);
    socket.to(roomName).emit("welcome", socket.nickname, countRoom(roomName));
    wsServer.sockets.emit("room_change", publicRooms());
```

```javascript
  });
  socket.on("disconnecting", () => {
    socket.rooms.forEach((room) =>
      socket.to(room).emit("bye", socket.nickname, countRoom(room) - 1)
    );
  });
  socket.on("disconnect", () => {
    wsServer.sockets.emit("room_change", publicRooms());
  });
  socket.on("new_message", (msg, room, done) => {
    socket.to(room).emit("new_message", `${socket.nickname}: ${msg}`);
    done();
  });
  socket.on("nickname", (nickname) => (socket["nickname"] = nickname));
});

const handleListen = () => console.log("Listening on http://localhost:3000");
httpServer.listen(3000, handleListen);
```

수정해 보자! ./src/views/home.pug

```pug
doctype html
html(lang="en")
  head
    meta(charset="UTF-8")
    meta(http-equiv="X-UA-Compatible", content="IE=edge")
    meta(name="viewport", content="width=device-width, initial-scale=1.0")
    title Noom
    link(rel="stylesheet", href="https://unpkg.com/mvp.css")
  body
    header
      h1 Noom
    main
      div#welcome
        form
          input(placeholder="room name", required, type="text")
          button Enter Room
```

```
        h4 Open Rooms:
        ul
      div#room
        h3
        ul
        form#name
          input(placeholder="nickname", required, type="text")
          button Save
        form#msg
          input(placeholder="message", required, type="text")
          button Send
    script(src="/socket.io/socket.io.js")
    script(src="/public/js/app.js")
```

수정해 보자! `./src/public/js/app.js`

```
const socket = io();

const welcome = document.getElementById("welcome");
const form = welcome.querySelector("form");
const room = document.getElementById("room");

room.hidden = true;

let roomName;

function addMessage(message){
  const ul = room.querySelector("ul");
  const li = document.createElement("li");
  li.innerText = message;
  ul.appendChild(li);
}

function handleMessageSubmit(event){
  event.preventDefault();
  const input = room.querySelector("#msg input");
  const value = input.value;
```

```javascript
    socket.emit("new_message", value, roomName, () => {
      addMessage(`You: ${value}`);
    });
    input.value = "";
}


function handleNicknameSubmit(event){
  event.preventDefault();
  const input = room.querySelector("#name input");
  const value = input.value;
  socket.emit("nickname", value);
  input.value = "";
}


function showRoom(){
  welcome.hidden = true;
  room.hidden = false;
  const h3 = room.querySelector("h3");
  h3.innerText = `Room ${roomName}`;
  const msgForm = room.querySelector("#msg");
  const nameForm = room.querySelector("#name");
  msgForm.addEventListener("submit", handleMessageSubmit);
  nameForm.addEventListener("submit", handleNicknameSubmit);

}


function handleRoomSubmit(event){
  event.preventDefault();
  const input = form.querySelector("input");
  socket.emit("enter_room", input.value, showRoom);
  roomName = input.value;
  input.value = "";
}


form.addEventListener("submit", handleRoomSubmit);


socket.on("welcome", (userNickname, newCount) => {
  const h3 = room.querySelector("h3");
```

```
    h3.innerText = `Room ${roomName} (${newCount})`;
    addMessage(`${userNickname} arrived!`);
  });

  socket.on("bye", (userNickname, newCount) => {
    const h3 = room.querySelector("h3");
    h3.innerText = `Room ${roomName} (${newCount})`;
    addMessage(`${userNickname} left ㅠㅠ`);
  });

  socket.on("new_message", (msg) => {
    addMessage(msg);
  });

  socket.on("room_change", (rooms) => {
    const roomList = welcome.querySelector("ul");
    roomList.innerHTML = "";
    if(rooms.length === 0){
      return;
    }
    rooms.forEach((room) => {
      const li = document.createElement("li");
      li.innerText = room;
      roomList.append(li);
    });
  });
```

우리는 카메라에서 영상을 가져오는 데 socket.io의 일부 기능을 사용할 거야. 그 전에 일단 영상 처리 및 교환과 실시간 대화 등을 구현할 수 있도록 먼저 다음 3가지를 준비해 보자.

일단 첫 번째, 우리는 사용자로부터 영상을 가져와 화면에 보여 줘야 해. 두 번째, 마이크 음소 거나 카메라 켜고 끄는 기능을 제어하는 버튼을 몇 개 만들 거야. 세 번째, 카메라가 여러 개 달 린 기기도 있으니까 사용하던 카메라를 바꿀 수 있게 할 거야.

액션 02 **영상 출력 요소 추가하기**

사용자의 영상을 얻는 것부터 해보자. 일단 `myFace`라고 부를 영상을 만들어야 해. 화 면에 요소를 추가해 보자.

```
doctype html
html(lang="en")
  head
    meta(charset="UTF-8")
    meta(http-equiv="X-UA-Compatible", content="IE=edge")
    meta(name="viewport", content="width=device-width, initial-scale=1.0")
    title Noom
    link(rel="stylesheet", href="https://unpkg.com/mvp.css")
  body
    header
      h1 Noom
    main
      video#myFace(autoplay, playsinline, width="400", height="400")
    script(src="/socket.io/socket.io.js")
    script(src="/public/js/app.js")
```

id가 myFace인 video 태그를 추가했어. 자동 재생이 되도록 autoplay 속성을 추가했고, 너비
와 높이를 같게 해서 정사각형 형태로 만들었어. 그리고 playsinline이라는 속성도 추가했는
데, 이는 모바일 브라우저에 필요한 속성이야. 모바일 기기로 영상을 재생하다 보면 가끔 전
체 화면이 나타나는 경우가 있지. 이 속성은 전체 화면이 되지 않고 웹 사이트 안에서 실행되
도록 해줘.

액션 03 스트림 생성하기

이제 myFace에 영상을 표시해 보자. 그러려면 스트림stream으로 영상을 받아 와야 해.
스트림은 '줄기'라는 뜻이 있지? 여기에서는 '데이터를 전달하는 줄기'라는 뜻으로 쓰여. 자
바스크립트 API에서 제공되는 메서드를 통해 영상과 소리를 받아 오는 스트림을 만들 거야.

```
const socket = io();

const myFace = document.getElementById("myFace");

let myStream;
```

```
async function getMedia() {
  try {
    myStream = await navigator.mediaDevices.getUserMedia({
      audio: true,
      video: true,
    });
    console.log(myStream);  ← 일단 콘솔에서 확인부터 해보자!
  } catch(e) {
    console.log(e);
  }
}

getMedia();
```

사용한 API 메서드는 `navigator.mediaDevices.getUserMedia`야. 영상과 소리를 모두 받아야 하니까 **audio**와 **video** 옵션을 각각 **true**로 설정해 메서드를 호출했어. 또, 이 메서드를 통해 스트림을 받아 오는 과정에서 문제가 발생할 수도 있어서, 여기에서는 **try**와 **catch**를 사용해 예외 처리 구문까지 만들어 줬어.

▶ getUserMedia 메서드를 통한 스트림 반환은 비동기적으로 처리되므로 함수 getMedia를 async-await로 처리해 주었습니다.

액션 04 스트림 출력 확인하기

스트림이 잘 만들어졌는지 확인해 보자. 브라우저를 열고 서버에 접속해 줘. 그럼 아마 제목만 덩그러니 있는 눔 화면이 나타날 텐데, 여려분이 웹에서 카메라를 사용한 적이 없다면 마이크나 카메라 사용 권한을 요청하는 대화상자가 나타날 거야. 한 번 허용하고 나면 그 뒤론 나타나지 않을 테니 허용해 주면 돼.

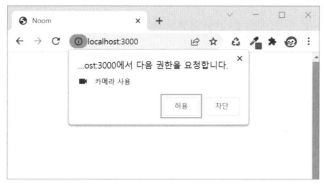

권한 요청 대화상자

허용하고 나서 브라우저의 탭 부분을 봐. 그러면 카메라가 녹화 중이라는 뜻으로 빨간 동그라미가 표시되는 게 보일 거야.

녹화 중 표시

가장 중요한 게 남았지? 개발자 도구 콘솔에 스트림이 출력되는지 확인해 보자.

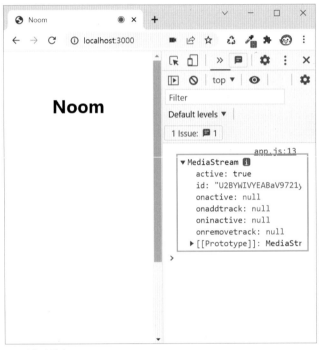

스트림 출력 확인

`MediaStream` 객체가 출력되었어. 일단 스트림은 잘 만들어졌고, 이제 영상과 음성이 이 스트림을 타고 우리 화면에 도달할 수 있게 됐어.

액션 05 영상 표시하기

이제 스트림을 콘솔에 출력하는 대신 스트림으로 받아 온 영상을 화면에 직접 표시하자. 그러려면 스트림을 `myFace` 안에 넣어야 해.

```
const socket = io();

const myFace = document.getElementById("myFace");

let myStream;

async function getMedia() {
  try {
    myStream = await navigator.mediaDevices.getUserMedia({
      audio: true,
      video: true,
    });
    console.log(myStream);
    myFace.srcObject = myStream;
  } catch(e) {
    console.log(e);
  }
}

getMedia();
```

이렇게 수정하고 브라우저로 가서 페이지를 새로 고침 해보자.

스트림으로 영상 출력

어때? 카메라에 비친 화면이 실시간으로 표시되지? 스트림을 통해 PC에 내장된 카메라의 영상이 전달되는 거야. 지금은 단 하나의 영상만 표시되지만, 나중에는 화상 채팅 상대방의 영상도 추가할 거야.

액션 06 버튼 추가하기

다음 단계는 음소거를 하거나 해제하는 버튼과 영상을 켜고 끌 수 있는 버튼을 각각 만드는 거야. 화상 채팅이라면 이 정도 기능은 있어야겠지? 앞서 만들었던 `myFace`를 포함하는 영역 하나를 만들고 버튼을 추가하자.

수정해 보자! ./src/views/home.pug

```
(...생략...)
  body
    header
      h1 Noom
    main
      div#myStream
        video#myFace(autoplay, playsinline, width="400", height="400")
        button#mute Mute
        button#camera Turn Camera Off
    script(src="/socket.io/socket.io.js")
    script(src="/public/js/app.js")
```

그다음 이 버튼들을 자바스크립트로 가져가서 기능을 추가할 거야.

수정해 보자! ./src/public/js/app.js

```
const socket = io();

const myFace = document.getElementById("myFace");
const muteBtn = document.getElementById("mute");
const cameraBtn = document.getElementById("camera");

let myStream;
let muted = false;
let cameraOff = false;
```

```
(...생략...)

getMedia();

function handleMuteClick(){
  if(!muted){
    muteBtn.innerText = "Unmute";
    muted = true;
  }else{
    muteBtn.innerText = "Mute";
    muted = false;
  }
}

function handleCameraClick(){
  if(!cameraOff){
    cameraBtn.innerText = "Turn Camera On";
    cameraOff = true;
  }else{
    cameraBtn.innerText = "Turn Camera Off";
    cameraOff = false;
  }
}

muteBtn.addEventListener("click", handleMuteClick);
cameraBtn.addEventListener("click", handleCameraClick);
```

getElementById 메서드로 각 버튼을 선택한 다음, 현 상태를 나타내는 변수 muted와 cameraOff 를 각각 선언했어. muteBtn을 클릭하면 muted가, cameraBtn을 클릭하면 cameraOff가 상태를 바꿔 가며 관리될 거야.

액션 07 버튼 동작 확인하기

알다시피 실제로 영상이나 소리를 제어하는 기능은 아직 넣지 않았어. 이 과정은 뒤에서 따로 다룰 거니까 잠시 기다려 주길 바랄게. 일단 버튼이 잘 움직이는지 확인해 보고 넘어가자고.

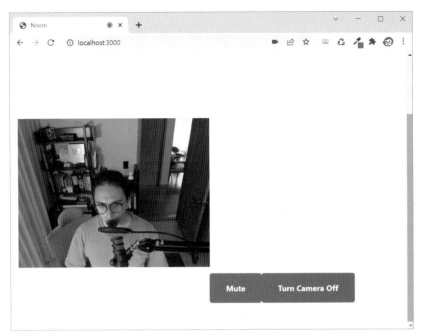

버튼을 추가한 화면

화면에 버튼이 추가되었는데, [Mute] 버튼을 클릭하면 [Unmute]로 바뀌고 그 상태에서 또 클릭하면 다시 [Mute]로 바뀔 거야. [Turn Camera Off] 버튼도 마찬가지겠지? 클릭할 때마다 [Turn Camera Off]와 [Turn Camera On]을 번갈아 가며 표시할 거야.

06-2 비디오와 오디오 제어하기

영상, 소리와 같은 미디어를 스트림으로 받아 오는 작업을 해봤는데, 우리가 생성한 스트림 안에 있는 트랙^Track^이라는 걸 사용하면 비디오와 오디오를 따로 제어할 수 있어.

액션 01 트랙 살펴보기

스트림에서 트랙이란 스트림을 구성하는 미디어 요소 하나하나를 구분하는 일종의 단위야. 비디오나 오디오, 자막 같은 요소가 하나의 트랙이고, 우리는 코드를 이용해 각각의 트랙에 접근할 수 있어. 일단 각 트랙이 어떤 식으로 표현되는지 확인부터 해볼까?

수정해 보자! ./src/public/js/app.js

```
(...생략...)
function handleMuteClick(){
  console.log(myStream.getAudioTracks());
  if(!muted){
    muteBtn.innerText = "Unmute";
    muted = true;
  }else{
    muteBtn.innerText = "Mute";
    muted = false;
  }
}

function handleCameraClick(){
  console.log(myStream.getVideoTracks());
  if(!cameraOff){
    cameraBtn.innerText = "Turn Camera On";
    cameraOff = true;
  }else{
    cameraBtn.innerText = "Turn Camera Off";
    cameraOff = false;
```

```
    }
  }
(...생략...)
```

우리가 이미 만들어 둔 muteBtn과 cameraBtn을 클릭하면 오디오 트랙과 비디오 트랙에 각각
접근하여 콘솔에 출력하도록 했어. 어떤 출력이 나오는지 확인해 보자.

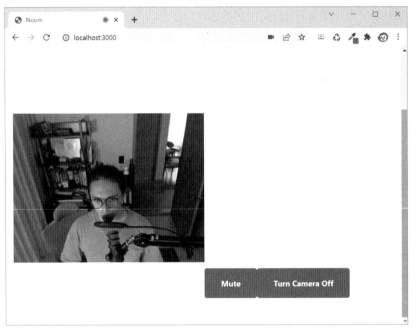

버튼을 추가한 화면

화면에서 muteBtn과 cameraBtn을 순서대로 클릭해서 개발자 도구 콘솔을 확인하면 돼.

```
                                                                          app.js:58
  ▼ [MediaStreamTrack] ℹ
    ▶ 0: MediaStreamTrack {kind: 'audio', id: '8e50bf22-58ff-466d-b524-f49f70001294',
      length: 1
    ▶ [[Prototype]]: Array(0)
                                                                          app.js:71
  ▼ [MediaStreamTrack] ℹ
    ▶ 0: MediaStreamTrack {kind: 'video', id: '6f2fc861-f2f2-45c4-8da9-7c5bd241aee0',
      length: 1
    ▶ [[Prototype]]: Array(0)
```

트랙 출력

이걸 봐. 오디오와 비디오 트랙이 순서대로 출력되는 게 보이지? 각 트랙은 배열로 표현되는데, 배열을 구성하는 객체에는 kind라는 키가 있고 여기에는 트랙의 종류가 표시돼. 비디오 트랙을 좀 더 자세히 살펴보자.

```
▼ [MediaStreamTrack]  ℹ
  ▼ 0: MediaStreamTrack
      contentHint: ""
      enabled: true
      id: "010fd3ef-0131-48d6-83f6-e38c9ddce490"
      kind: "video"
      label: "Integrated Camera (13d3:56b2)"
      muted: false
      onended: null
      onmute: null
      onunmute: null
      readyState: "live"
    ▶ [[Prototype]]: MediaStreamTrack
    length: 1
  ▶ [[Prototype]]: Array(0)
```

비디오 트랙의 구성 요소

이 트랙을 보면 label에는 현재 사용하는 카메라 모델이 표시되었어. 나중에 label을 화면에 표시해 줄 건데, 실제로 카메라를 제어하고 싶을 때는 label이 아닌 id에 접근해야 하니 참고해 줘. 이 안에는 enabled라는 키도 존재하는데 현재 값은 true지. 말 그대로 사용할 수 있는 상태임을 의미하는데, 우리가 버튼을 클릭해서 변경해야 하는 부분이 바로 여기야.

액션 02 비디오와 오디오 제어하기
두 버튼의 핸들러 함수로 가서 버튼을 각각 클릭할 때마다 enabled의 값이 변경되도록 하자. 각 트랙이 배열인 것을 감안해서 다음과 같이 수정해 주면 돼.

수정해 보자! ./src/public/js/app.js

```
(...생략...)
function handleMuteClick(){
  console.log(myStream.getAudioTracks());
  myStream.getAudioTracks()
  .forEach((track) => (track.enabled = !track.enabled));
```

```
  if(!muted){
    muteBtn.innerText = "Unmute";
    muted = true;
  }else{
    muteBtn.innerText = "Mute";
    muted = false;
  }
}

function handleCameraClick(){
  console.log(myStream.getVideoTracks());
  myStream.getVideoTracks()
  .forEach((track) => (track.enabled = !track.enabled));
  if(!cameraOff){
    cameraBtn.innerText = "Turn Camera On";
    cameraOff = true;
  }else{
    cameraBtn.innerText = "Turn Camera Off";
    cameraOff = false;
  }
}
(...생략...)
```

forEach 메서드를 이용해 배열의 요소에 접근하고, 거기에서 enabled의 값을 변경해 주었어.
enabled는 불리언 데이터니까 논리 연산자인 not(!)으로 값을 반전시켜 주면 돼.

액션 03 버튼 동작 확인하기

이제 다시 브라우저로 가서 버튼을 차례대로 클릭해 보자.

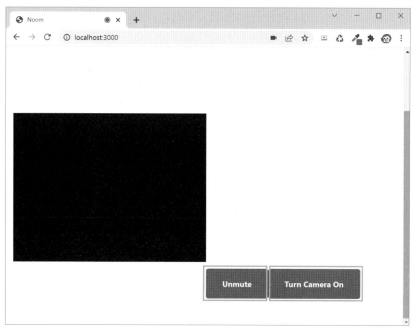

버튼을 차례대로 클릭

이제 muteBtn으로는 소리를 켜고 끌 수 있고, cameraBtn으로는 카메라를 켜고 끌 수 있게 되었어. 책이라는 특성 때문에 소리를 함께 확인할 수 없지만, 카메라가 꺼진 것은 확인할 수 있지? 'Turn Camera On'을 표시하는 cameraBtn을 다시 클릭해 보면 화면에 영상이 다시 나타날 거야.

액션 04 카메라 목록 만들기

이제 우리는 사용자의 카메라 목록을 만들 거야. 카메라가 여러 대 장착된 PC나 모바일도 있으니까 각각 따로 접근할 수 있도록 해서 나중에는 카메라 변경까지 해볼 거거든. 방식은 이래. 스트림 메서드를 이용해 사용자 기기에 장착된 모든 미디어 기기를 가져온 다음, 거기서 카메라에 해당하는 것들만 쏙 골라내어 접근하는 거야. 일단 모든 미디어 기기를 가져오는 것부터 해보자.

```
(...생략...)
let myStream;
let muted = false;
let cameraOff = false;

async function getCameras(){
  try {
    const devices = await navigator.mediaDevices.enumerateDevices();
    console.log(devices);
  } catch (e) {
    console.log(e);
  }
}

async function getMedia() {
  try {
    myStream = await navigator.mediaDevices.getUserMedia({
      audio: true,
      video: true,
    });
    myFace.srcObject = myStream;
    await getCameras();
  } catch(e) {
    console.log(e);
  }
}

getMedia();
(...생략...)
```

새로운 메서드가 등장했어. navigator.mediaDevices.enumerateDevices가 바로 모든 기기 정보를 가져와 주는 메서드야. 호출문 바로 아래에 반환값에 대한 콘솔 출력을 해두었지? 브라우저를 새로 고침 하고 콘솔을 열어 보자.

```
                                           app.js:14
   ▼ (7) [InputDeviceInfo, InputDeviceInfo,
     InputDeviceInfo, InputDeviceInfo, Medi
     aDeviceInfo, MediaDeviceInfo, MediaDev
     iceInfo] ℹ
     ▼0: InputDeviceInfo
         deviceId: "default"
         groupId: "8e6d57bb82709420b28077220|
         kind: "audioinput"
         label: "기본값 - Microphone Array(Sy
       ▶ [[Prototype]]: InputDeviceInfo
     ▶1: InputDeviceInfo {deviceId: 'commun
     ▶2: InputDeviceInfo {deviceId: 'b6227b
     ▶3: InputDeviceInfo {deviceId: '18b513
     ▶4: MediaDeviceInfo {deviceId: 'defaul
     ▶5: MediaDeviceInfo {deviceId: 'commun
     ▶6: MediaDeviceInfo {deviceId: 'd86bc3
       length: 7
     ▶ [[Prototype]]: Array(0)
```
모든 미디어 기기 확인

확인한 결과 현재 사용하는 컴퓨터에 7개나 되는 미디어 기기들이 있는 상태야. 미디어 기기
는 모두 객체로 표현되는데, 이번에도 역시나 객체의 kind 키가 미디어 기기의 유형을 뜻해.
audioinput, audiooutput 등 소리와 관련된 미디어 기기도 많겠지만, 우리에게 필요한 건 카
메라야. 추가로 deviceId 키는 앞서 트랙 배열에서 살펴보았던 id와 동일한 값이니 기억해 줘.

액션 05 카메라 배열 만들기
카메라를 뜻하는 kind는 videoinput이야. 우리는 이 배열에서 그것들만 선택해 주면
돼. 다시 코드로 가서 getCameras 함수를 수정하자.

수정해 보자! ./src/public/js/app.js

```
(...생략...)
async function getCameras(){
  try {
    const devices = await navigator.mediaDevices.enumerateDevices();
    console.log(devices);
    const cameras = devices.filter((device) => device.kind === "videoinput");
  } catch (e) {
```

```
        console.log(e);
    }
  }
  (...생략...)
```

filter 메서드를 사용해서 kind가 videoinput인 미디어 기기만으로 구성된 cameras 배열을 만들었어.

▶ PC에 카메라가 한 대만 장착된 경우도 있는데, 실습을 이어가는 데는 아무런 문제가 되지 않습니다.

액션 06 카메라 목록 표시하기

이제 화면에 요소를 추가하고 그 요소에 카메라 목록을 추가해 줄게. select 요소를 이용해 드롭다운 메뉴를 만들어 보자.

수정해 보자! ./src/views/home.pug

```
(...생략...)
  body
    header
      h1 Noom
    main
      div#myStream
        video#myFace(autoplay, playsinline, width="400", height="400")
        button#mute Mute
        button#camera Turn Camera Off
        select#cameras
    script(src="/socket.io/socket.io.js")
    script(src="/public/js/app.js")
```

보통 select 안에는 하위 요소로 option이 포함되어야 하지만, 우리는 이를 자바스크립트로 추가해 줄 거야. 그래야 카메라 개수가 달라져도 그에 맞게 대응할 수 있으니까.

```
const socket = io();

const myFace = document.getElementById("myFace");
const muteBtn = document.getElementById("mute");
const cameraBtn = document.getElementById("camera");
const cameraSelect = document.getElementById("cameras");

let myStream;
let muted = false;
let cameraOff = false;

async function getCameras(){
  try {
    const devices = await navigator.mediaDevices.enumerateDevices();
    const cameras = devices.filter((device) => device.kind === "videoinput");
    cameras.forEach((camera) => {
      const option = document.createElement("option");
      option.value = camera.deviceId;
      option.innerText = camera.label;
      cameraSelect.appendChild(option);
    });
  } catch (e) {
    console.log(e);
  }
}
(...생략...)
```

option 요소에는 선택한 option에서 실제 처리할 값을 뜻하는 value라는 속성이 있는데, 여기에는 카메라의 deviceId를 각각 지정해 두었어. 이유는 앞서 설명한 것처럼, 우리가 실제로 카메라를 제어할 때 필요한 값은 기기의 id여서 그래. label은 그저 모델명을 표시하는 역할을 할 뿐이야.

 카메라 목록 확인하기

좋아, 그럼 다시 브라우저로 가서 메뉴가 잘 만들어졌는지 확인해 보자.

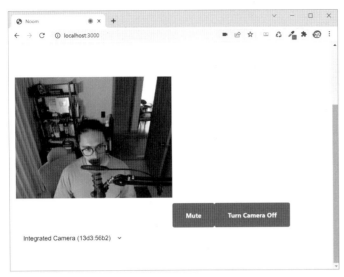
select 요소를 추가한 화면

카메라 모델을 표시한 드롭다운 메뉴가 추가됐어. 여기에는 각자 PC에 장착된 카메라 수만큼
항목이 추가되었을 거야.

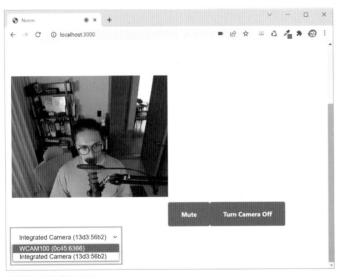
장착된 카메라 항목 표시

메뉴를 펼쳐서 원하는 항목을 클릭하면 표시되는 모델도 변하겠지? 그러나 아직 이러한 기능
은 추가하지 않은 상태라, 실제로 카메라가 변경되어 화면에 표시되는 영상이 변하는 현상은
일어나지 않을 거야. 이제 우리가 할 일은 선택된 deviceId를 가져와서 스트림에 반영하는 건
데, 그건 06-3절에서 진행해 보자.

이제 거의 다 왔어. 우리가 늘 하던 대로 이벤트를 감지하고, 이벤트 핸들러 함수에서 원하는 기능을 처리하는 흐름으로 작업할 거야.

액션 01 이벤트 핸들러 함수 추가하기

카메라 변경을 배우기 전에 첫 번째로 해야 할 것은 select 요소의 입력값이 변경되었는지 감지하는 거야. 그래서 우리는 이미 select 요소를 선택해 두었지.

> **수정해 보자!** ./src/public/js/app.js

```
(...생략...)
function handleCameraChange(){
  console.log(cameraSelect.value); ← deviceID를 가져올 거야!
}

muteBtn.addEventListener("click", handleMuteClick);
cameraBtn.addEventListener("click", handleCameraClick);
cameraSelect.addEventListener("input", handleCameraChange);
```

input 이벤트는 입력값이 변경될 때 발생할 거야. 그래서 핸들러 함수 handleCameraChange를 선언했는데, 여기에서는 선택한 option의 value 속성을 가져오도록 정의했어. 이러면 deviceId가 가져와질 텐데, deviceId를 사용해야 카메라를 변경할 수 있기 때문에 이 값은 아주 아주 중요해.

▶ select 요소를 변경해 개발자 도구 콘솔에 deviceId가 출력되는 것을 확인해 보세요!

액션 02 제약 이해하기

변경하고 싶은 카메라의 deviceId를 얻었다면, 그다음엔 해당 카메라의 영상을 받아오도록 스트림을 다시 시작해야 해. 우리가 페이지를 열었을 때 스트림을 생성하는 역할을 하는 함수 getMedia가 이미 정의되어 있으니, 이를 적절한 타이밍에 재사용하면 돼.

여기서 잠깐! 단순히 함수를 재사용하는 것만으로 해결되는 것은 아니야. 왜냐면 우리는 아직 특정 브라우저에서 특정 카메라를 사용하도록 지시하는 방법을 모르거든. 지금은 단지 **deviceId**만 얻었을 뿐이지. 추가로 해야 할 것은 getMedia 함수 안에서 **getUserMedia** 메서드를 호출할 때 인자로 전달되는 제약constraints을 적절하게 설정해 주는 일이야. 06-1절에서 추가한 코드에는 이미 제약에 해당하는 코드가 포함되어 있어. 다음 하이라이팅한 부분이 바로 제약이야.

확인해 보자! ./src/public/js/app.js

```
(...생략...)
async function getMedia() {
  try {
    myStream = await navigator.mediaDevices.getUserMedia({
      audio: true,          인자로 전달된 이 객체를 '제약'이라고 해!
      video: true,
    });
    myFace.srcObject = myStream;
    await getCameras();
  } catch(e) {
    console.log(e);
  }
}
(...생략...)
```

제약은 요청할 미디어 유형 각각에 대한 요구 사항을 지정하는 객체로서, 여기에 어떤 식으로 값을 지정하는가에 따라 영상을 보여 주는 기기나 영상의 크기 등이 달라져. 우리는 select 요소를 통해 선택된 **deviceId**에 해당하는 특정 카메라를 선택하려고 하지? 그렇다면 getMedia 함수에 **deviceId**를 넘겨준 다음 제약을 수정해 주면 돼.

액션 03 deviceId 전달하기
실제로 **deviceId**를 getMedia 함수에 넘겨주고 제약을 설정해 보자. 제약으로 사용할 수 있는 객체를 2개 만들고 선택적으로 적용할 거야.

```
(...생략...)
async function getMedia(deviceId) {
  const initialConstraints = {
    audio: true,
    video: { facingMode: "user" }
  };
  const cameraConstraints = {
    audio: true,
    video: { deviceId: { exact: deviceId } }
  };
  try {
    myStream = await navigator.mediaDevices.getUserMedia({
      audio: true,
      video: true,
    }
      deviceId ? cameraConstraints: initialConstraints
    );
    myFace.srcObject = myStream;
    await getCameras();
  } catch(e) {
    console.log(e);
  }
}


(...생략...)


async function handleCameraChange(){
  console.log(cameraSelect.value);
  await getMedia(cameraSelect.value);
}


muteBtn.addEventListener("click", handleMuteClick);
cameraBtn.addEventListener("click", handleCameraClick);
cameraSelect.addEventListener("input", handleCameraChange);
```

처음 페이지가 열리고 getMedia 함수가 호출될 때는 우리가 특정 deviceId를 선택하기 전이야. 그래서 우리는 제약으로 사용할 수 있는 객체 initialConstraints와 cameraConstraints를 각각 따로 만들어서 선택적으로 사용했어. deviceId가 있을 때는 특정 카메라를 활용하지만, 없을 때는 카메라 여러 대 중 아무거나 하나만 일단 선택해야 하거든. initialConstraints에는 video: { facingMode: "user" }가 설정되어 있는데, 이는 모바일 장치의 전면 카메라를 요청하는 거야. 모바일이 아닌 PC에서는 내장된 기본 카메라를 선택하게 돼.

액션 04 카메라 추가 방지하기

딱히 실수한 게 없다면, 이제 select 요소에서 항목을 선택할 때마다 카메라가 변경되는 걸 확인할 수 있을 거야. 기능적으로는 해결된 거지. 그러나 여기서 끝내면 안 돼. 방금 추가한 코드 때문에 생긴 일종의 버그 동작이 있거든. 우리가 카메라를 변경할 때마다 getMedia 함수가 호출되므로 그때마다 getCameras 함수도 함께 호출하게 돼. 그런데 getCameras에서는 select 요소에 option을 추가하는 동작을 하니까 카메라를 변경할 때마다 select에는 불필요한 option이 계속해서 추가될 거야.

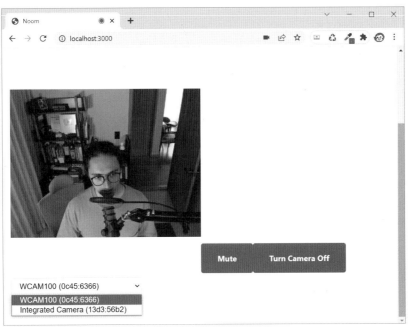

원래 카메라는 2대뿐

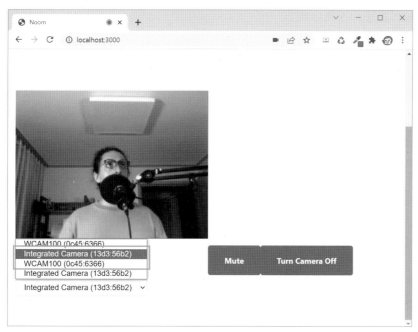

항목 변경 후 option이 추가된 모습 1

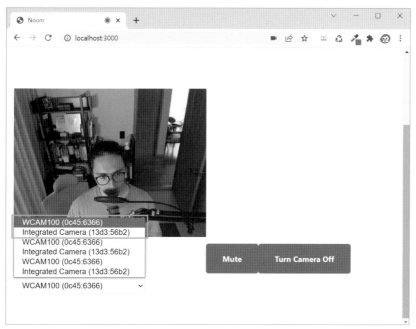

항목 변경 후 option이 추가된 모습 2

보다시피 카메라는 잘 변경되지만 옵션이 무제한으로 늘어날 수 있어서 보기에 안 좋아. 불필요한 항목들이기도 하고. 이 부분을 해결하려면 select에 option을 추가하는 작업을 처음에

한 번만 수행하도록 코드를 수정해야 해.

수정해 보자! `./src/public/js/app.js`

```
(...생략...)
async function getMedia(deviceId) {
  const initialConstraints = {
    audio: true,
    video: { facingMode: "user" }
  };
  const cameraConstraints = {
    audio: true,
    video: { deviceId: { exact: deviceId } }
  };
  try {
    myStream = await navigator.mediaDevices.getUserMedia(
      deviceId ? cameraConstraints : initialConstraints
    );
    myFace.srcObject = myStream;
    if(!deviceId){
      await getCameras();
    }
  } catch(e) {
    console.log(e);
  }
}
(...생략...)
```

이렇게 해주고 나면 select 요소의 항목이 계속해서 늘어나는 현상이 해결돼.

액션 05 **사용하는 카메라 표시하기**

버그가 하나 더 있어! select의 option은 모두 카메라 모델명을 의미하는 라벨(label)
인데, 이것들은 우리가 navigator.mediaDevices.enumerateDevices()를 통해 가져온 영상
을 단지 주어진 순서대로 표시한 거야. 그래서 현재 화면에 보이는 영상을 찍는 카메라와
select 요소에서 선택된 카메라가 일치하지 않는 현상이 나타날 수가 있어.

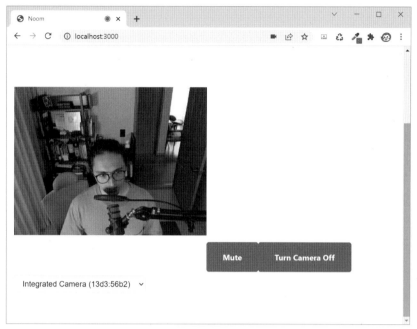

표시되는 화면과 촬영 중인 카메라 모델명이 일치하지 않을 수도 있어!

물론 우연히 일치하는 경우도 있지만 우연은 우연일 뿐이니 언제나 정확히 일치할 수 있도록
코드를 수정해 보자.

수정해 보자! ./src/public/js/app.js

```
(...생략...)
async function getCameras(){
  try {
    const devices = await navigator.mediaDevices.enumerateDevices();
    const cameras = devices.filter((device) => device.kind === "videoinput");
    const currentCamera = myStream.getVideoTracks()[0];
    cameras.forEach((camera) => {
      const option = document.createElement("option");
      option.value = camera.deviceId;
      option.innerText = camera.label;
      if(currentCamera.label == camera.label){
        option.selected = true;
      }
      cameraSelect.appendChild(option);
```

```
    });
  } catch (e) {
    console.log(e);
  }
}
(...생략...)
```

그다지 복잡하지 않아. currentCamera는 현재 사용하는 스트림의 카메라 정보야. getVideo
Tracks는 이미 사용해 봤던 메서드지? select 요소에 option을 차례대로 생성하는 과정에서
미리 얻어 둔 카메라의 label과 option의 값이 일치하는 경우 selected 속성을 활성화해 화
면에 표시되도록 한 거야.

이 장에서 우리는 음소거 버튼으로 영상의 소리를 제어하고, 카메라 버튼으로 영상을 켰다 끄
는 동작까지 완벽히 처리해 봤어. 심지어 카메라 변경까지 할 수 있지. 화상 채팅의 핵심 기능
은 다 한 셈이야. 이제 우리는 대화할 상대방을 찾아야 해. 그리고 그건 다음 장에서 배울 거
야. 어느새 우리가 함께 할 장이 2개밖에 안 남았어! 마지막까지 힘내 줘!

07

화상 채팅 완성하기

이 강의를 통틀어 가장 멋진 스킬이라고 해도 과언이 아닌 WebRTC를 공부하고 우리 애플리케이션에도 적용해 볼 거야. WebRTC는 실시간 커뮤니케이션을 가능하게 해주는 기술인데, 우리가 지금까지 사용한 여러 가지 개념은 이를 토대로 앱을 만들기 위한 준비 운동이었지. 마지막을 멋지게 장식하고, 우리의 눔도 잘 마무리해 보자.

07-1 WebRTC 알아보기

WebRTC는 web real-time communication을 뜻해. 이 기술이 정말 멋진 점은 우리가 peer-to-peer로 데이터 교환을 할 수 있게 해준다는 거야. 이게 왜 멋진 거냐고? 그건 지금부터 함께 알아보자.

액션 01 peer-to-peer 알아보기

peer-to-peer란 인터넷에 연결된 다수의 개별 사용자들이 중개 기관을 거치지 않고 데이터를 직접 주고받는다는 뜻이야. 앞에서 socket.io로 만든 채팅 앱은 peer-to-peer가 아니었어. 왜냐하면 그때는 하나의 서버에 웹소켓이 여러 개 연결되어 있어서 서버가 바로 중개 기관 역할을 했거든.

socket.io 채팅 앱에서는 한 소켓이 메시지를 보냈을 때 일단 서버에게 보내졌어. 그다음 서버가 이 메시지를 다른 소켓에게 전달해 주었지. 쉽게 말해 사용자 모두 서버에 연결되어 있고, 모든 데이터 교환은 서버를 거쳐야만 가능했다는 이야기야. 사용자는 언제나 서버를 이용해야 하고, 상대방에게 데이터를 직접 보낼 수는 없었어.

액션 02 WebRTC 알아보기

WebRTC가 있으면 peer-to-peer로 소통할 수 있어. 내가 보내고 싶은 메시지나 영상을 서버를 거치지 않고 상대방에게 직접 전달되게 만들 수가 있다는 뜻이지. 서버가 필요 없으니까 실시간 소통 속도가 비교적 빨라. 생각해 봐. 내가 보내고 싶은 데이터를 일일이 서버에 업로드하고, 그걸 상대방이 실시간으로 내려받는 상황을 말이야. 그런 과정이 없다면 당연히 속도가 빨라질 수밖에 없겠지? 더구나 서버를 유지하는 데 드는 여러 가지 비용도 줄일 수 있어서 좋아.

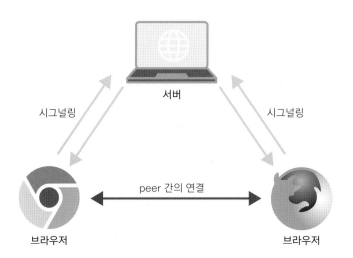

자, 여기에서 오해하면 안 되는 게 하나 있어. peer-to-peer 방식에서는 데이터를 교환할 때 서버를 거치지 않아. 그렇다고 서버가 없어도 된다는 말은 아니야. '시그널링^{signaling}'이란 걸 하려면 서버를 사용해야 해. 시그널링이 진행되고 나야 비로소 사용자 간에 직접 소통할 수 있어. 쉽게 말해 시그널링은 사용자들을 서로 연결하는 작업이라고 생각하면 돼.

액션 03 시그널링 알아보기

사용자 간의 연결이란 다르게 말하면 브라우저 간의 연결이라는 뜻이야. 생각해 보자. 내 브라우저에서 다른 브라우저로 연결을 하고 싶다고 해볼게. 그럼 뭐가 필요할까? 일단 IP 주소나 포트 번호 같은 브라우저의 위치 정보가 필요할 거야. 데이터 교환을 하고 싶은데, 어디에 있는지도 모르고 무작정 시도하면 안 되겠지?

그래서 여기서 할 건 우리 브라우저가 어디에 있는지, 또 상대가 어디에 있는지를 서버가 알게 하는 거야. 각각의 브라우저에서 서버에게 '나는 여기에 있어. IP 주소는 이렇고, 포트 번호는 이거야'라는 정보를 보내면 서버가 서로를 연결함으로써 peer-to-peer 연결이 시작돼. 서버는 어떤 브라우저에게 다른 한 브라우저의 위치를 알려 줄 때만 사용되고, 그런 다음에 메시지나 영상은 브라우저 간에 직접 교환할 수 있게 돼.

07-2 채팅룸 만들고 관리하기

WebRTC를 간단히 소개해 봤는데, 아직 감이 잘 잡히지 않더라도 실제 구현해 보면 금세 이해될 거야. 이제부터 본격적으로 메시지, 영상, 소리 등을 peer-to-peer로 교환할 수 있는 새로운 채팅 앱을 만들어 보자.

액션 01 채팅룸 입력하기

우린 이미 socket.io가 제공하는 룸rooms 기능을 활용해서 채팅룸을 구성해 본 경험이 있어. 화상 채팅 앱 역시 채팅룸이 필요하겠지? 관련 기능을 차근차근 만들어 나가 보자. 이미 해봤던 것들과 비슷한 부분도 많을 거야. 우리 화면에 채팅룸 입력 폼을 추가하는 것부터.

수정해 보자! `./src/views/home.pug`

```pug
(...생략...)
  body
    header
      h1 Noom
    main
      div#welcome
        form
          input(placeholder="room name", required, type="text")
          button Enter room
      div#call
        div#myStream
          video#myFace(autoplay, playsinline, width="400", height="400")
          button#mute Mute
          button#camera Turn Camera Off
          select#cameras
    script(src="/socket.io/socket.io.js")
    script(src="/public/js/app.js")
```

채팅룸 이름을 입력할 수 있도록 폼을 만들었고, 기존에 사용하던 영상과 버튼을 구분하려고 div로 영역을 나누었어. 각각 welcome과 call이라는 id를 가지고 있지.

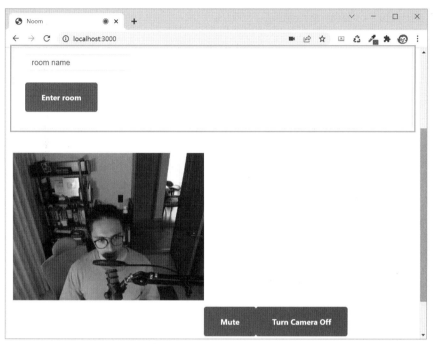

채팅룸 입력 폼 추가

화면을 확인해 보면 위와 같은 상태일 텐데, 사실 채팅룸 입력 폼과 영상은 함께 보여서는 안 되지. 채팅룸 이름을 입력해서 채팅룸에 입장하고 난 다음에 영상이 보이게 해야 해.

액션 02 app.js 수정하기

자바스크립트 코드를 수정해 보자. 처리 방식은 대부분 이전과 유사할 거야. 채팅룸 이름을 입력하면 사용자를 채팅룸에 입장시키고, 그에 따른 처리를 이어가면 돼. 일단 스트림을 얻어 와서 화면에 표시해 주는 getMedia 함수의 호출은 나중으로 미뤄 두자.

수정해 보자 ./src/public/js/app.js

```
(...생략...)
async function getMedia(deviceId) {
  const initialConstraints = {
    audio: true,
    video: { facingMode: "user" }
```

```
  };
  const cameraConstraints = {
    audio: true,
    video: { deviceId: { exact: deviceId } }
  };
  try {
    myStream = await navigator.mediaDevices.getUserMedia(
      deviceId ? cameraConstraints : initialConstraints
    );
    myFace.srcObject = myStream;
    if(!deviceId){
      await getCameras();
    }
  } catch(e) {
    console.log(e);
  }
}

getMedia();

function handleMuteClick(){
  myStream.getAudioTracks()
  .forEach((track) => (track.enabled = !track.enabled));
  if(!muted){
    muteBtn.innerText = "Unmute";
    muted = true;
  }else{
    muteBtn.innerText = "Mute";
    muted = false;
  }
}
(...생략...)
```

그다음 채팅룸 입력 폼에 대한 핸들러 함수를 추가할 건데, 이제는 코드의 양도 많아졌고, 역할 구분도 어느 정도 뚜렷해 보이니까 현재 app.js의 맨 아래에 주석으로 역할을 표시한 다음 코드를 이어가 보자. welcome과 call이라는 id를 가진 영역들을 가져오는 것부터 처리할 거야.

```
const socket = io();

const myFace = document.getElementById("myFace");
const muteBtn = document.getElementById("mute");
const cameraBtn = document.getElementById("camera");
const cameraSelect = document.getElementById("cameras");
const call = document.getElementById("call");    call은 미디어와 관련된 요소야!

(...생략...)

// Welcome Form (join a room)    채팅룸 입장과 관련된 기능을 추가할 거야!
const welcome = document.getElementById("welcome");
const welcomeForm = welcome.querySelector("form");

call.hidden = true;

function handleWelcomeSubmit(event){
  event.preventDefault();
  const input = welcomeForm.querySelector("input");
  socket.emit("join_room", input.value);
  input.value = "";
}

welcomeForm.addEventListener("submit", handleWelcomeSubmit);
```

주석 윗부분의 코드는 미디어를 처리하고, 주석 아래의 코드는 채팅룸 입장과 관련된 기능을 처리해. 딱히 낯설지 않을 거야. 방금 추가한 코드에는 새로운 기능이 거의 없어. 채팅룸 입력 폼에서 값이 제출되면 이를 읽어서 처리하는 건데, 우린 이미 비슷한 걸 여러 번 해봤지? 여기에서 주목할 점은, 우리가 다시 socket.io를 사용하고 있다는 거야. 채팅룸 이름을 입력하면 join_room이라는 이름의 이벤트를 발생시켜서 사용자를 채팅룸에 입장시킬 거거든. join_room 이벤트가 발생할 때에는 서버에 채팅룸 이름을 넘겨줄 거야.

join_room 이벤트 핸들링하기

자, 이제 서버로 돌아가 보자. `join_room` 이벤트를 처리해 줄게.

수정해 보자! ./src/server.js

```
(...생략...)
const httpServer = http.createServer(app);
const wsServer = SocketIO(httpServer)

wsServer.on("connection", (socket) => {
  socket.on("join_room", (roomName) => {
    socket.join(roomName);
  });
});

const handleListen = () => console.log("Listening on http://localhost:3000");
httpServer.listen(3000, handleListen);
```

---

socket.join 메서드가 5장 이후 처음 등장했는데, 이 메서드는 사용자를 채팅룸에 접속시켜
주는 역할을 하지. 여기까지 진행하고 나면 이제 사용자 화면에는 영상과 버튼이 보여야겠
지? 다시 app.js로 가서 함수를 하나 추가하자.

수정해 보자! ./src/public/js/app.js

```
(...생략...)
// Welcome Form (join a room)
const welcome = document.getElementById("welcome");
const welcomeForm = welcome.querySelector("form");

call.hidden = true;

function startMedia(){
  welcome.hidden = true;
  call.hidden = false;
  getMedia();
}
```

```
function handleWelcomeSubmit(event){
  event.preventDefault();
  const input = welcomeForm.querySelector("input");
  socket.emit("join_room", input.value, startMedia);
  input.value = "";
}


welcomeForm.addEventListener("submit", handleWelcomeSubmit);
```

startMedia라는 함수를 정의했어. 채팅룸 입력 폼은 숨기고 영상과 버튼을 보여 주는 거야. 바로 여기에서 아까 삭제했던 getMedia();를 사용했어. 그러면 startMedia가 호출되었을 때 카메라도, 마이크도, 그리고 다른 카메라들도 전부 불러오겠지? startMedia 함수는 바로 서버가 사용자를 채팅룸에 입장시켜 줄 때 호출해야 해서, join_room 이벤트가 발생할 때 서버로 넘겨줄 거야.

수정해 보자! ./src/server.js

```
(...생략...)
const httpServer = http.createServer(app);
const wsServer = SocketIO(httpServer)

wsServer.on("connection", (socket) => {
  socket.on("join_room", (roomName, done) => {
    socket.join(roomName);
    done();
  });
});
const handleListen = () => console.log("Listening on http://localhost:3000");
httpServer.listen(3000, handleListen);
```

이것도 해본 거지? 서버에서 done이라는 이름으로 startMedia 함수를 받아서 호출해 주는 거야.

채팅룸 입장해 보기

여기까지 잘되고 있는지 확인해 보자. 브라우저를 열고 새로 고침 한 다음 실행해 볼게. 채팅룸 이름은 이번에도 nico라고 해줘.

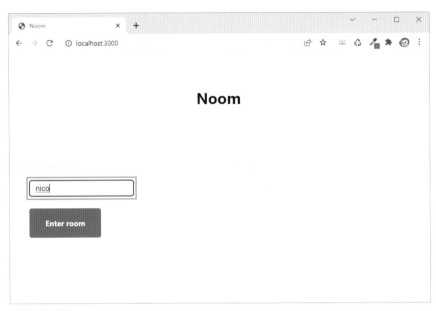

채팅룸 이름 입력

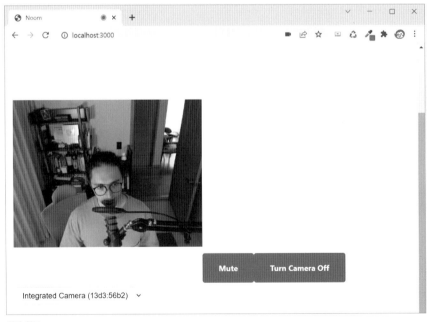

입장 완료

보다시피 처음 화면에는 영상이 보이지 않아. 입력 폼만 덩그러니 있지. 여기에 채팅룸 이름을 입력하고 제출하면 채팅룸에 입장[join]할 수 있는데, 그러고 나면 입력 폼이 사라지고 영상과 버튼들이 보여. 음소거라든지 카메라 끄기 동작도 여전히 잘될 테니 한 번씩 확인해 봐.

액션 05 채팅룸 이름 저장하기

여느 채팅 앱이 그러하듯이, 우리는 메시지를 보낼 때 어떤 특정한 채팅룸으로 보낼 수 있어야 해. 그러려면 채팅룸에 접근할 수 있어야 하고, 이때는 당연히 채팅룸 정보가 필요해. 사용자가 입장한 채팅룸의 이름을 저장하는 기능을 추가해 보자.

수정해 보자! ./src/public/js/app.js

```javascript
const socket = io();

const myFace = document.getElementById("myFace");
const muteBtn = document.getElementById("mute");
const cameraBtn = document.getElementById("camera");
const cameraSelect = document.getElementById("cameras");
const call = document.getElementById("call");

let myStream;
let muted = false;
let cameraOff = false;
let roomName;

(...생략...)

function handleWelcomeSubmit(event){
  event.preventDefault();
  const input = welcomeForm.querySelector("input");
  socket.emit("join_room", input.value, startMedia);
  roomName = input.value;
  input.value = "";
}

welcomeForm.addEventListener("submit", handleWelcomeSubmit);
```

```
// Socket Code ← 코드의 역할을 구분하기 위해 주석을 더 추가하자.

socket.on("welcome", () => {
  console.log("someone joined!");
});
```

채팅룸 이름을 저장하는 변수 roomName을 생성해 채팅룸 이름을 입력할 때 값을 대입하게 해
두었어. 아주 단순해. 맨 아래에는 welcome 이벤트를 처리하려고 socket.on 메서드를 추가한
게 보일 거야. welcome 이벤트는 사용자가 채팅룸에 입장하면 발생할 서버 쪽 이벤트로, 아직
이 부분은 서버에 추가하지 않았어. 서버로 가서 추가하자.

수정해 보자! ./src/server.js

```
(...생략...)
const httpServer = http.createServer(app);
const wsServer = SocketIO(httpServer)

wsServer.on("connection", (socket) => {
  socket.on("join_room", (roomName, done) => {
    socket.join(roomName);
    done();
    socket.to(roomName).emit("welcome");
  });
});
const handleListen = () => console.log("Listening on http://localhost:3000");
httpServer.listen(3000, handleListen);
```

이제 사용자가 입장하면 welcome 이벤트가 발생할 거야. 지금은 단지 콘솔에 someone
joined!라는 메시지를 출력하는 게 전부지만, 이는 앞으로 기능을 추가하려고 준비해 두는
거야. 앞으로 할 게 더 남아 있어.

액션 06 welcome 이벤트 확인하기

다음으로 넘어가기 전에 방금 추가한 welcome 이벤트가 잘 처리되는지 확인하자. 브
라우저의 탭을 2개 열어서 사용자가 둘일 때의 동작을 볼 거야. 탭 2개를 열고 첫 번째 탭에서
먼저 nico 채팅룸에 입장하자.

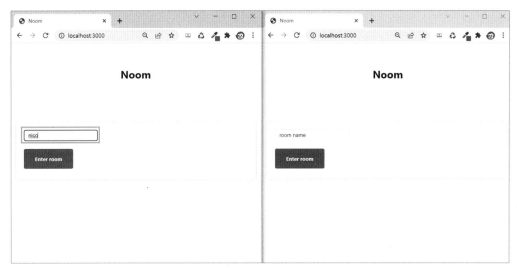

첫 번째 탭에서 nico 입장

입장해서 영상이 보이기 시작하면, 첫 번째 탭의 개발자 도구를 열어 콘솔을 펼쳐 두자. 두 번째 탭에서 채팅룸에 입장했을 때 어떻게 출력되는지 확인할 거거든.

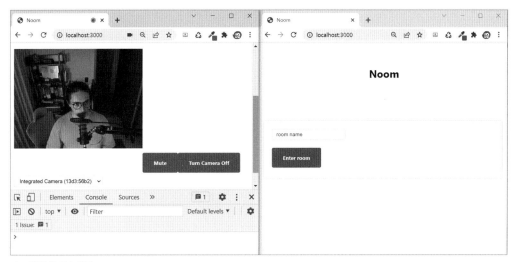

nico 입장 후 콘솔 열기

이후 두 번째 탭에서 같은 채팅룸에 입장하면 돼.

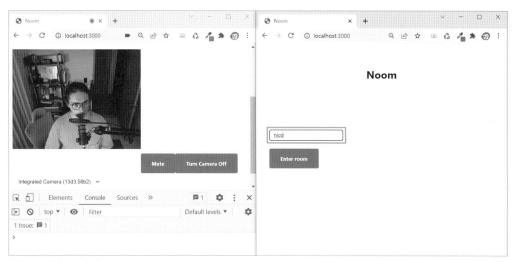

두 번째 탭에서 nico 입장

두 번째 탭에서 입장을 완료하고 나면 첫 번째 탭의 콘솔에서 someone joined! 메시지를 확인할 수 있을 거야.

▶ 둘 이상의 화면에서 소리가 나올 경우 노이즈가 심할 수 있습니다. 그럴 땐 재빨리 음소거 버튼을 클릭해 주세요!

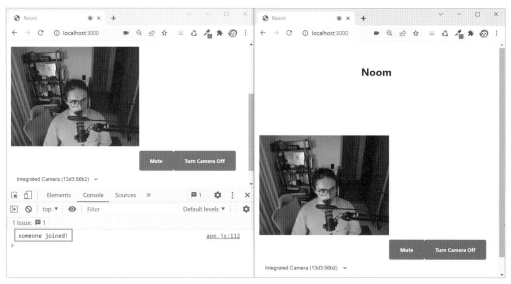

입장 완료 후 화면

07-3 데이터 교환을 위한 offer 보내기

현재 우리 앱에서는 다수의 사용자가 같은 채팅룸에 입장할 수 있어. 채팅룸에 새로운 사용자가 입장하는 순간 someone joined! 메시지가 콘솔에 출력되지. 이제 WebRTC를 공부해서 적용할 때가 됐어.

액션 01 WebRTC 프로세스 알아보기

내가 채팅룸에 입장해 있고 다른 사용자가 같은 채팅룸에 들어와 있을 때가 바로 WebRTC 프로세스를 실행해야 할 때야. 이 프로세스가 바로 앞서 언급한 '시그널링' 작업이야.

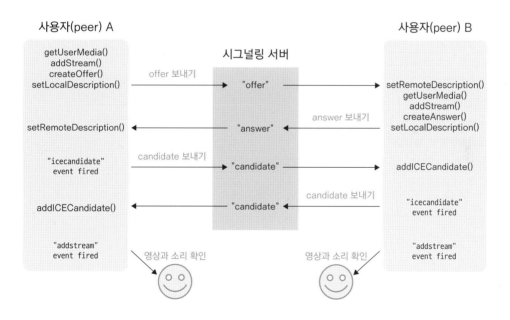

이 프로세스 안에는 우리가 peer-to-peer 연결을 수행할 때 필요한 모든 것이 들어 있어. 우린 앞으로 이 절차를 하나씩 차근차근 수행해 나갈 거야. 한쪽에서 offer를 보내 상대방에게 소통을 제안하면, 상대방이 answer를 보내면서 서로 소통할 수 있어. 그러고 나면 서로 candidate라는 걸 이용해 데이터를 주고받는 방식이야. 자세한 설명이나 사용법은 단계별로 살펴보기로 하고, 일단 지금은 offer에 필요한 작업들을 시작해 보자.

사용자 연결하기

offer는 같은 서버에 접속해 있는 다른 사용자에게 서버를 거치지 말고 peer-to-peer로 소통하자고 제안하는 거야. 여기서 다른 사용자란 당연히 웹소켓을 뜻하는데, 제안을 보내는 쪽에서 offer 객체를 만들어 다른 웹소켓에게 보내 주면 돼. 그러면 offer를 받은 웹소켓과 그것을 보낸 웹소켓이 서로 연결되고, 그때부터 peer-to-peer로 소통할 수 있게 되는 거야.

offer를 보내려면 몇 가지 절차가 필요한데, 무엇보다 사용자가 peer-to-peer 연결을 수행할 수 있도록 '연결 객체'를 먼저 생성해 줘야 해. 사용자가 연결 객체를 각자 가지고 있어야 서로 offer를 주고 응답할 수 있거든.

수정해 보자! ./src/public/js/app.js

```
const socket = io();

const myFace = document.getElementById("myFace");
const muteBtn = document.getElementById("mute");
const cameraBtn = document.getElementById("camera");
const cameraSelect = document.getElementById("cameras");
const call = document.getElementById("call");

let myStream;
let muted = false;
let cameraOff = false;
let roomName;
let myPeerConnection;

(...생략...)

// Welcome Form (join a room)
const welcome = document.getElementById("welcome");
const welcomeForm = welcome.querySelector("form");

call.hidden = true;

async function startMedia(){
  welcome.hidden = true;
  call.hidden = false;
  await getMedia();
```

```
    makeConnection();
}

function handleWelcomeSubmit(event){
  event.preventDefault();
  const input = welcomeForm.querySelector("input");
  socket.emit("join_room", input.value, startMedia);
  roomName = input.value;
  input.value = "";
}

welcomeForm.addEventListener("submit", handleWelcomeSubmit);

// Socket Code

socket.on("welcome", () => {
  console.log("someone joined!");
});

// RTC Code

function makeConnection(){
  myPeerConnection = new RTCPeerConnection();
}
```

makeConnection 함수를 추가했고, 미디어를 가져오는 startMedia 함수 내부에서 이를 호출
하도록 했어. 연결을 위해 startMedia 함수를 비동기 함수로 만든 게 보일 거야. makeConnection
함수에서는 new RTCPeerConnection(); 코드로 peer 간의 연결에 사용할 객체를 생성했어. 사
용자 모두 연결 객체를 가질 수 있도록 한 거지.

액션 03 트랙 추가하기

다음 단계는 우리가 사용하는 스트림에서 미디어 트랙을 가져와서 peer 간의 연결을
통해 이를 전달하는 거야. 쉽게 말해 peer 간의 연결을 위해 만든 객체인 myPeerConnection에
영상과 소리를 포함시킨다는 건데, 우린 이미 스트림을 가지고 있는 상태여서 곧장 이를 처리
할 수 있어. 우리가 가지고 있는 스트림을 확인해 보자.

./src/public/js/app.js

```
(...생략...)
function makeConnection(){
  myPeerConnection = new RTCPeerConnection();
  console.log(myStream.getTracks());
}
```

myStream은 우리가 영상이나 소리 등의 미디어를 저장하기 위해 사용하던 변수인데, 이 변수에 저장된 객체에서 getTracks 메서드를 이용하면 각 미디어가 포함된 배열을 얻을 수 있어. 브라우저를 열고 채팅룸에 새로 접속해 봐. 그런 다음 콘솔을 열어 보면 배열을 확인할 수 있어.

▶ 확인 절차일 뿐이니 아무 채팅룸 이름이나 입력해도 무관합니다.

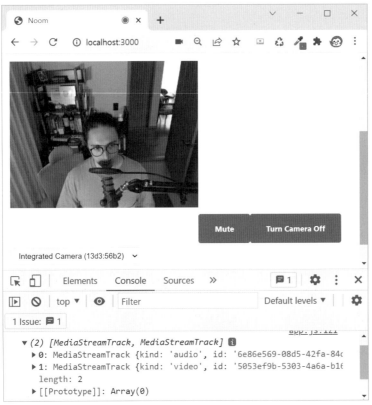

배열을 반환하는 getTracks 메서드

배열을 확인했지? 우리는 배열에 포함된 각각의 트랙을 우리의 peer 간의 연결에 추가하고자 해. 배열 요소에 각각 접근해서 addTrack이라는 걸 해주자.

```
(...생략...)
// RTC Code

function makeConnection(){
  myPeerConnection = new RTCPeerConnection();
  console.log(myStream.getTracks());
  myStream.getTracks()
    .forEach(track => myPeerConnection.addTrack(track, myStream));
}
```

현재 상태는 각 브라우저(사용자)에서 연결을 만들고, 그 위에 미디어를 포함시킨 게 다야. 오해하면 안 되는 게, 우리는 아직 브라우저 간의 연결을 마무리한 게 아니야. 이를 위해 필요한 처리를 각 브라우저에서 해준 것뿐이지.

액션 04 offer 주고받기

자, offer를 보낼 준비는 됐어. 이제 offer를 보낼 차례인데, 그 전에 offer를 보내는 쪽과 받아서 반응하는 쪽을 정확히 파악해 보자. 브라우저에서 탭을 2개 열고 첫 번째 탭에서 먼저 nico 채팅룸에 접속해 봐. 그런 다음 두 번째 탭에서도 nico 채팅룸에 접속해 보는 거야. 그럼 아마 두 탭의 콘솔은 다음과 같은 상태일 거야. 왼쪽이 첫 번째 탭이야.

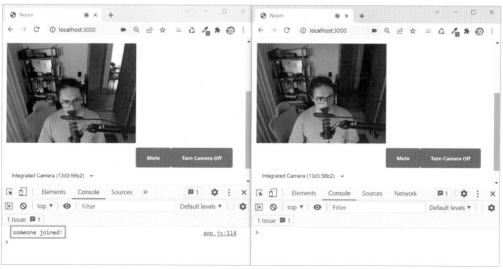

첫 번째 탭에만 "someone joined!" 출력

첫 번째 탭에서만 someone joined! 메시지가 출력되는 게 보이지? 이는 welcome 이벤트 처리가 이루어진 것인데, 이걸 처리한 첫 번째 탭이 바로 offer를 보내는 쪽이야. 먼저 들어와 있던 사용자가 나중에 들어오는 사용자 때문에 발생하는 welcome 이벤트를 처리할 수 있으니까, offer를 보내는 역할 또한 첫 번째 탭에서 맡아야 해. 실제 offer를 생성하고 보내는 작업을 처리해 보자. 그러면 그 흐름을 쉽게 이해할 수 있을 거야.

액션 05 offer 생성 및 확인하기

welcome 이벤트 핸들러 함수에서 offer를 생성하자.

```
수정해 보자!  ./src/public/js/app.js
```

```javascript
(...생략...)
// Socket Code

socket.on("welcome", async () => {
  console.log("someone joined!");
  const offer = await myPeerConnection.createOffer();
  console.log(offer);
});
(...생략...)
```

myPeerConnection의 createOffer 메서드를 호출해서 offer 객체를 생성하고 있는데, 이는 비동기적으로 처리돼야 해서 핸들러 함수에도 async가 추가되었어. 일단 별다른 기능을 추가하지는 않았고, 단지 someone joined! 메시지 대신 offer 객체를 확인하는 걸로 대체했을 뿐이야. 확인해 보자. 탭 2개에서 차례대로 nico 채팅룸에 다시 접속해 줘.

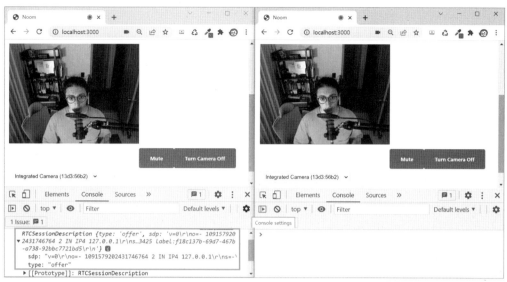

offer 출력 확인

type 속성에 'offer'가 지정되어 있는 객체가 출력됐어. offer가 맞네. 그런데 또 다른 속성 sdp를 보면, 별안간 엄청나게 긴 문자열이 지정된 것을 볼 수 있어. 문자열이 길다고 겁먹지는 말자. 뭐라고 쓰여 있는 건지 우리가 정확히 알 필요는 없어. 우리가 누구인지, 어디에 있는지를 나타내는 암호화된 문자열이라는 정도로 이해하면 돼. 중요한 사실은 우리가 offer를 만들었다는 거야.

액션 06 setLocalDescription 사용하기

사용자 모두 자신의 myPeerConnection을 가지고 있지만, offer를 아직 전달하지는 않았다는 걸 잊어서는 안 돼. offer를 보내는 쪽에서는 생성한 offer를 전송하기 위해 자신이 가지고 있는 myPeerConnection에 offer를 포함시켜야 해.

수정해 보자! ./src/public/js/app.js

```
(...생략...)
// Socket Code

socket.on("welcome", async () => {
  const offer = await myPeerConnection.createOffer();
  myPeerConnection.setLocalDescription(offer);
  console.log(offer);
});
(...생략...)
```

setLocalDescription 메서드는 연결의 속성을 지정하려고 사용하는 거야. 예를 들어 미디어 형식 같은 것들이 연결의 속성이라고 할 수 있어. myPeerConnection.setLocalDescription (offer); 코드는 offer를 보내는 쪽이 자신의 연결 객체에 '나는 이 offer를 보낼 거야'라는 걸 명시한 거야. 이제 offer를 보내기만 하면 돼.

액션 07 offer 보내기

offer를 보낼 때는 socket.io를 이용할 거야. 이벤트를 발생시켜서 서버가 이를 처리해 offer를 전달할 수 있도록 하자. offer를 보낸 사용자와 받은 사용자는 같은 채팅룸 안에서만 소통할 수 있어야 하니까, 채팅룸 이름도 함께 전달해 주자.

수정해 보자! ./src/public/js/app.js

```
(...생략...)
// Socket Code

socket.on("welcome", async () => {
  const offer = await myPeerConnection.createOffer();
  myPeerConnection.setLocalDescription(offer);
  socket.emit("offer", offer, roomName);
});
(...생략...)
```

offer라는 이름의 이벤트를 발생시켰어. 이제 서버로 가서 이를 처리할게.

수정해 보자! ./src/server.js

```
(...생략...)
const httpServer = http.createServer(app);
const wsServer = SocketIO(httpServer)

wsServer.on("connection", (socket) => {
  socket.on("join_room", (roomName, done) => {
    socket.join(roomName);
    done();
    socket.to(roomName).emit("welcome");
```

```
  });
  socket.on("offer", (offer, roomName) => {
    socket.to(roomName).emit("offer", offer);
  });
});

const handleListen = () => console.log("Listening on http://localhost:3000");
httpServer.listen(3000, handleListen);
```

보내는 쪽에서 서버에 offer와 채팅룸 이름(roomName)을 보내면, 이제 해당 채팅룸에 접속하는 모든 사용자에게는 offer 이벤트와 함께 offer 객체가 전달돼. 서버는 이걸로 끝이야.

액션 08 offer 받기

이제 offer를 받는 쪽에서 offer 이벤트에 대한 핸들러 함수를 추가해 주기만 하면 돼.

수정해 보자! `./src/public/js/app.js`

```
(...생략...)
// Socket Code

socket.on("welcome", async () => {
  const offer = await myPeerConnection.createOffer();
  myPeerConnection.setLocalDescription(offer);
  console.log("sent the offer");  ◁── 이 이벤트 핸들러는 offer를 보내는 쪽에서 실행돼!
  socket.emit("offer", offer, roomName);
});

socket.on("offer", offer => {  ◁── 이 이벤트 핸들러는 offer를 받는 쪽에서 실행돼!
  console.log(offer);
})
(...생략...)
```

offer 이벤트가 발생하면, 전달된 offer를 콘솔에 출력하는 이벤트 핸들러 함수를 추가했어. 그리고 이 핸들러 함수는 반드시 offer를 받는 쪽에서만 실행될 거야.

offer 주고받은 결과 확인하기

앞서 몇 번 진행했던 것과 같이, 탭 2개를 열고 차례대로 nico 채팅룸에 접속해 봐야 해. 역시나 왼쪽이 첫 번째 탭이고, 이 탭이 offer를 보내는 쪽이야.

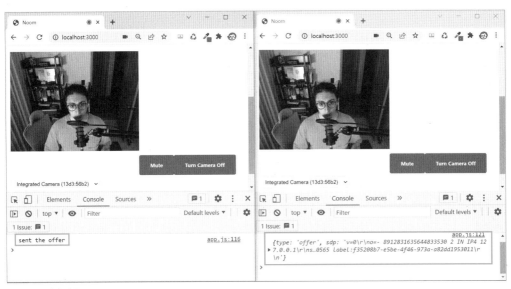

offer 주고받기 성공!

어때? 첫 번째 탭에서는 offer를 보내면서 `sent the offer`라는 메시지를 출력했고, 두 번째 탭에서는 offer를 받아서 이를 출력했어. offer 주고받기가 잘 처리된 거야.

다시 한번 정리하자. 우리는 사용자 간에 서버를 거치지 않고 peer-to-peer로 데이터 교환을 할 수 있도록 하고 싶어. 그러려면 사용자끼리 직접 연결되도록 WebRTC를 통해 '시그널링'이라는 과정을 수행해야 해. 이때 반드시 offer를 주고받는 과정을 진행해야 하는데, 이 과정에서는 서버가 필요해. 어쨌거나 우린 이제 그 과정을 마무리했고, 이제는 다음 단계로 넘어가 보자.

07-4 offer에 응답하는 answer 보내기

offer는 제안이야. 나와 함께 peer-to-peer 커뮤니케이션을 하자는 제안이지. 누군가가 무언가를 제안하면 대답해 주는 게 인지상정이겠지? offer에 대답하는 방법을 알아보자. 마치 탁구를 치듯 자주 왔다 갔다 하며 코드를 작성해야 할 테니 집중력을 조금만 더 끌어 올리자!

액션 01 setRemoteDescription 오류 확인하기

앞서 offer를 보내는 쪽이 `myPeerConnection.setLocalDescription(offer);` 코드로 자신의 연결 객체에 '나는 이 offer를 보낼 거야'라고 한 적이 있지? 그런 다음 offer를 보내는 작업을 수행했는데, 이걸 받은 쪽에서는 대응해 주어야 해. 코드를 입력해 보자.

수정해 보자! ./src/public/js/app.js

```javascript
(...생략...)
socket.on("welcome", async () => {
  const offer = await myPeerConnection.createOffer();
  myPeerConnection.setLocalDescription(offer);
  console.log("sent the offer");
  socket.emit("offer", offer, roomName);
});

socket.on("offer", offer => {
  console.log(offer);
  myPeerConnection.setRemoteDescription(offer);
})

// RTC Code

function makeConnection(){
  myPeerConnection = new RTCPeerConnection();
  myStream.getTracks()
  .forEach(track => myPeerConnection.addTrack(track, myStream));
}
```

07 • 화상 채팅 완성하기   **231**

myPeerConnection.setRemoteDescription(offer); 코드를 봐. 전달받은 offer는 어딘가 멀리 떨어진 곳에서 온 거지? 물론 지금 우리는 혼자서 여러 사용자를 테스트하지만, 실제 채팅 앱은 그렇지 않잖아. setRemoteDescription 메서드는 전달받은 데이터를 이용해 연결을 설정하는데, 여기서는 전달받은 offer로 설정한 거야. 그런데 미리 말해 줄 게 있어. 이 상태로 앱을 실행하면 반드시 오류가 발생할 거라는 사실이야. 확인해 볼까? 역시 이번에도 nico 채팅룸이고, 왼쪽의 첫 번째 탭에서 offer를 보내.

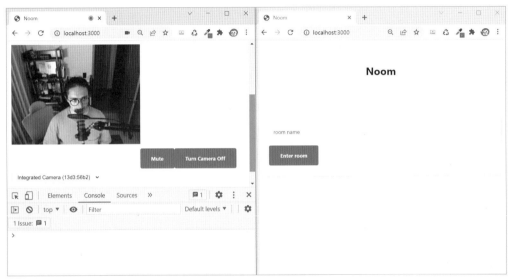

nico 채팅룸 입장

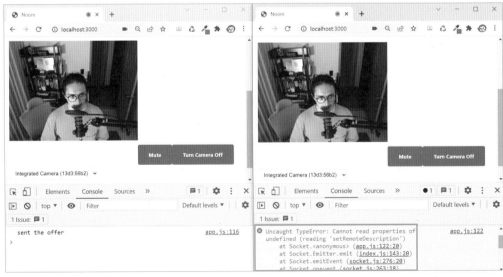

offer를 받는 쪽에서 오류 발생

이런 오류가 발생하는 이유는 offer를 주고받는 타이밍이 서로 맞지 않기 때문이야. 두 번째 탭이 채팅룸에 참가하면 offer를 주고받는 이벤트 핸들러 함수들이 바로 실행될 텐데, 문제는 이것이 정말 빠르게 일어난다는 거야. 그래서 두 번째 탭에서는 아직 myPeerConnection 객체가 생성되지도 않았는데 offer가 도착해 버리는 일이 발생한다는 거지.

액션 02 함수 호출 순서 변경하기

우리는 몇 가지를 바꿔야 해. 우리 코드에는 현재 사용자의 미디어를 가져가서 연결을 만들어 주는 startMedia 함수가 정의되어 있는데, 이를 호출하는 타이밍부터 바꾸자.

▶ startMedia 함수가 호출되면 myPeerConnection 객체가 생성됩니다.

수정해 보자! ./src/public/js/app.js

```
(...생략...)
async function startMedia(){
async function initCall(){
  welcome.hidden = true;
  call.hidden = false;
  await getMedia();
  makeConnection();
}

async function handleWelcomeSubmit(event){
  event.preventDefault();
  const input = welcomeForm.querySelector("input");
  await initCall();
  socket.emit("join_room", input.value, startMedia);
  roomName = input.value;
  input.value = "";
}
(...생략...)
```

사용자가 채팅룸에 접속하고 나서 startMedia 함수를 호출했는데, 이제는 그 대신 접속하기 전에 호출하도록 했어. 이름도 더 적합하게 initCall로 바꿨는데, 새 이름이 마음에 들지 않는다면 미안해. startMedia가 이벤트에서 사라졌으니까 서버에서도 지우자.

```
(...생략...)
const httpServer = http.createServer(app);
const wsServer = SocketIO(httpServer)

wsServer.on("connection", (socket) => {
  socket.on("join_room", (roomName, done) => {
    socket.join(roomName);
    done();
    socket.to(roomName).emit("welcome");
  });
  socket.on("offer", (offer, roomName) => {
    socket.to(roomName).emit("offer", offer);
  })
});

const handleListen = () => console.log("Listening on http://localhost:3000");
httpServer.listen(3000, handleListen);
```

done은 startMedia 함수를 전달받아 호출하기 위해 정의한 매개변수였으니, 이걸 지워야 문제없이 동작할 수 있겠지?

액션 03 **setRemoteDescription 재확인하기**

자, 그럼 다시 한번 해보자. 아까 오류가 발생했던 상황을 그대로 다시 해보는 거야. 탭 2개를 열고 먼저 첫 번째 탭에서 nico 채팅룸에 접속하자. 이어 두 번째 탭에서도 바로 따라 접속하면 돼. 콘솔을 확인하려고 하는 거니 콘솔은 양쪽에 다 열어 주고.

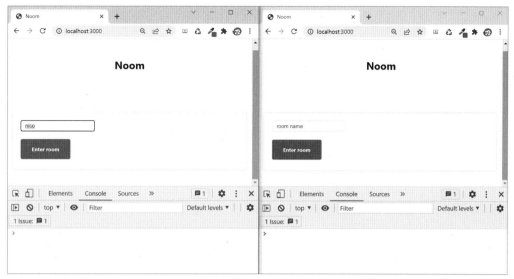

nico 채팅룸 접속

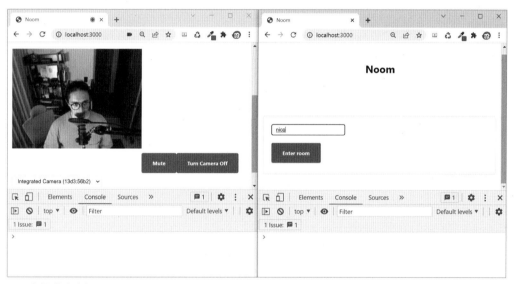

nico 채팅룸 추가 입장

두 탭에서 모두 접속하고 난 다음 콘솔 출력을 확인해 봐. 이제 오류가 없을 거야. 타이밍 관련 문제가 있었지만, 우리는 이제 그걸 해결한 거지.

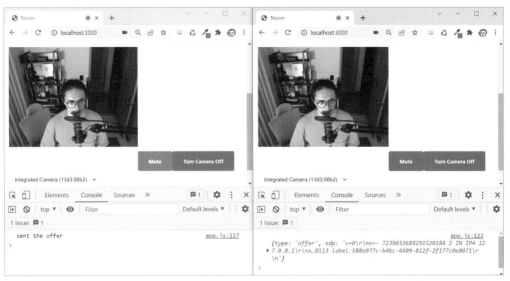

오류 해결

액션
04 answer 생성하기

offer를 받은 쪽에서 전달받은 offer를 토대로 연결을 설정한 것은 offer를 보내 준 상대방에게 answer를 보내기 위한 거야. 제안을 받았고 이를 수락했다면 다음 차례는 '제안을 수락할게요'라고 대답해 주는 거지. 자연스러운 흐름 같지? answer를 생성해 보자.

수정해 보자! ./src/public/js/app.js

```
(...생략...)
// Socket Code

socket.on("welcome", async () => {              이 이벤트 핸들러는 offer를
                                                 보내는 쪽에서 실행돼!
  const offer = await myPeerConnection.createOffer();
  myPeerConnection.setLocalDescription(offer);
  console.log("sent the offer");
  socket.emit("offer", offer, roomName);
});


socket.on("offer", async (offer) => {           이 이벤트 핸들러는 offer를
                                                 받는 쪽에서 실행돼!
  console.log(offer);
  myPeerConnection.setRemoteDescription(offer);
  const answer = await myPeerConnection.createAnswer();
  console.log(answer);
```

```
    myPeerConnection.setLocalDescription(answer);
  });
  (...생략...)
```

여러 번 이야기해서 이제는 잘 알고 있겠지만, answer를 생성하는 게 누구인지 파악할 수 있도록 한 번 더 강조해 두었어. answer를 생성한 사용자는 offer를 생성한 사용자가 그랬던 것처럼, 자신이 만든 answer 객체를 자신이 가지고 있는 myPeerConnection에 포함시켜야 해. 자, 콘솔을 통해 answer가 출력되는지 볼까? 다시 두 탭에서 nico 채팅룸에 차례대로 접속해 볼게.

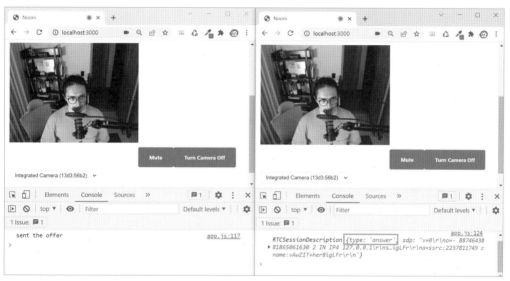

answer 출력

offer를 받은 브라우저에서 answer를 생성해 콘솔에 출력했어. type 속성에 answer가 지정된 걸 확인하면 돼.

액션 05 answer 보내기

좋아. 이제는 offer를 잘 받았고 answer도 있어. 이제는 answer를 보내야 하고, 보낸 것을 상대방이 받기까지 해야 해. 마치 탁구공이 탁구대 위를 통통거리며 왔다 갔다 하는 것처럼 이 이벤트도 사용자 사이를 왔다 갔다 하는 중이야. 이벤트를 발생시키자.

```
(...생략...)
socket.on("offer", async (offer) => {
  myPeerConnection.setRemoteDescription(offer);
  const answer = await myPeerConnection.createAnswer();
  console.log(answer);
  myPeerConnection.setLocalDescription(answer);
  socket.emit("answer", answer, roomName);
})
(...생략...)
```

answer 이벤트를 발생시키면서 answer 객체를 보내고 채팅룸 이름도 함께 보낼 거야. 이를 처리하는 코드는 역시 서버에 추가해야 해.

```
(...생략...)
const httpServer = http.createServer(app);
const wsServer = SocketIO(httpServer)

wsServer.on("connection", (socket) => {
  socket.on("join_room", (roomName) => {
    socket.join(roomName);
    socket.to(roomName).emit("welcome");
  });
  socket.on("offer", (offer, roomName) => {
    socket.to(roomName).emit("offer", offer);
  });
  socket.on("answer", (answer, roomName) => {
    socket.to(roomName).emit("answer", answer);
  })
});

const handleListen = () => console.log("Listening on http://localhost:3000");
httpServer.listen(3000, handleListen);
```

액션 06 answer 받기

answer를 생성하고 보내는 작업을 추가함에 따라 offer를 보내던 브라우저가 이제는 answer를 받는 브라우저가 됐어. 이벤트 핸들러는 역시 app.js에 추가해야 해.

수정해 보자! ./src/public/js/app.js

```javascript
(...생략...)
socket.on("welcome", async () => {          // 이 이벤트 핸들러는 offer를
  const offer = await myPeerConnection.createOffer();   //  보내는 쪽에서 실행돼!
  myPeerConnection.setLocalDescription(offer);
  console.log("sent the offer");
  socket.emit("offer", offer, roomName);
});

socket.on("offer", async (offer) => {        // 이 이벤트 핸들러는 offer를
  myPeerConnection.setRemoteDescription(offer);   //  받는 쪽에서 실행돼!
  const answer = await myPeerConnection.createAnswer();
  myPeerConnection.setLocalDescription(answer);
  socket.emit("answer", answer, roomName);
});

socket.on("answer", answer => {        // 이 이벤트 핸들러는 offer를 보냈던 쪽에서
  myPeerConnection.setRemoteDescription(answer);   //  answer를 받으면서 실행돼!
});
(...생략...)
```

와우, 왔다 갔다 정말 정신이 없었지? 어떤 브라우저가 다른 브라우저에게 offer를 보내고, offer를 받은 브라우저가 offer를 준 브라우저에게 answer를 보내는 게 다야. 다만 각각의 이벤트 핸들러 함수가 한 파일 안에 작성되어 있다 보니 그 타이밍이 조금 헷갈릴 순 있어.

07-5 peer-to-peer 연결 생성하기

시그널링이라는 프로세스를 반쯤 해냈어. 내 생각에 우린 가장 복잡하고 성가신 부분을 해결한 셈이야. peer 간의 연결을 위해 계속해서 왔다 갔다 해야 했으니까. 이제 연결은 됐으니까, 이번엔 icecandidate라는 이벤트를 살펴볼 거야.

액션 01 icecandidate 이해하기

우리가 offer와 answer 각각을 주고받는 걸 모두 끝냈을 때 peer-to-peer 연결의 양쪽에서는 icecandidate라는 이벤트를 실행하기 시작할 거야. 여기에서 ice는 internet connectivity establishment의 줄임말로, '인터넷 연결 생성' 정도로 해석할 수 있지. icecandidate는 통신할 때 필요한 프로토콜과 라우팅 정보인데, 연결이 이루어지고 나면 이를 이용해 서로 데이터 교환을 시도할 수 있어. WebRTC 연결을 처음 시작하면 일반적으로 icecandidate가 각 peer에서 여러 개 만들어지는데, 우리는 그중에 하나를 선택해서 연결에 이용하면 돼. icecandidate의 candidate는 '후보'를 의미하지? 적절한 이벤트 이름이네.

액션 02 이벤트 핸들러 함수 정의하기

그래서 먼저 할 일은 icecandidate 이벤트에 이벤트 핸들러 함수를 정의하는 일이야. 일단 지금은 동작을 구현하기 앞서 각 이벤트를 확인해 보고 싶으니까 console.log를 여기저기에 추가해 볼게.

수정해 보자! ./src/public/js/app.js

```
(...생략...)
// Socket Code

socket.on("welcome", async () => {
  const offer = await myPeerConnection.createOffer();
  myPeerConnection.setLocalDescription(offer);
  console.log("sent the offer");
  socket.emit("offer", offer, roomName);
```

```
});

socket.on("offer", async (offer) => {
  console.log("received the offer");
  myPeerConnection.setRemoteDescription(offer);
  const answer = await myPeerConnection.createAnswer();
  myPeerConnection.setLocalDescription(answer);
  socket.emit("answer", answer, roomName);
  console.log("sent the answer");
})

socket.on("answer", answer => {
  console.log("received the answer");
  myPeerConnection.setRemoteDescription(answer);
})

// RTC Code

function makeConnection(){
  myPeerConnection = new RTCPeerConnection();
  myPeerConnection.addEventListener("icecandidate", handleIce);
  myStream.getTracks()
  .forEach(track => myPeerConnection.addTrack(track, myStream));
}

function handleIce(data){
  console.log("got ice candidate");
  console.log(data);
}
```

내가 myPeerConnection을 만들면 곧바로 이벤트를 처리할 거야. handleIce 함수가 이벤트 핸들러 역할을 담당할 텐데, 여기에는 icecandidate 이벤트로부터 객체가 전달될 거야. 우리는 이를 data라는 매개변수로 받을 거고, console.log(data);를 통해 이게 어떻게 생겼는지, 그리고 언제 일어나는지를 볼 거야.

icecandidate 객체 출력하기

아마 이제는 이 과정이 손에 익었을 거야. 두 사용자, 즉 탭 2개를 열고 채팅룸에 차례대로 접속하면 돼. 개발자 도구 콘솔을 열어 두는 것도 잊지 말고.

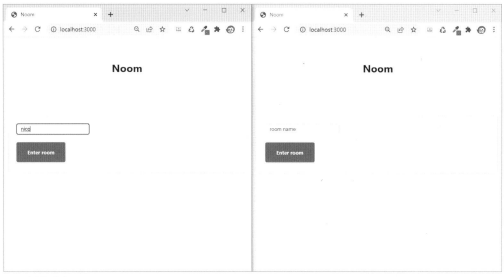

nico 채팅룸 생성

첫 번째 탭에서 채팅룸에 들어갔을 땐 콘솔에 아무것도 쓰여 있지 않아. 이건 당연해. 이 채팅룸에는 아무도 없고 혼자만 들어가 있는 상태이니까. 주고받는 게 아무것도 없지. 그렇지만 두 번째 탭에서 같은 채팅룸에 접속하고 나면?

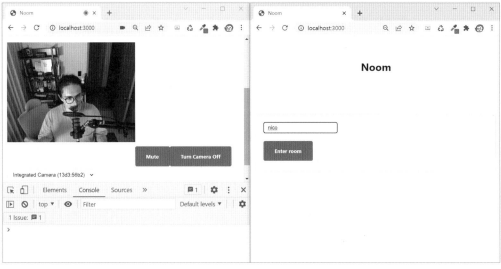

두 번째 사용자 접속

봐, 첫 번째 탭에서 offer를 바로 보낼 거고, 두 번째 탭에서는 offer를 받고 answer를 보내 줄 거야. 그럼 다시 첫 번째 탭에서는 answer를 받겠지. 그 결과 콘솔에는 메시지가 출력되고. 여기서 끝이 아니라 웬 객체들이 출력되는 게 보일 거야. 이 객체들은 RTCPeerConnection IceEvent의 객체인데, 객체의 type 속성을 보면 'icecandidate'라고 적혀 있어. 앞서 말했듯 이건 딱 한 개만 존재하는 데이터가 아니어서 이렇게 출력이 여러 번 나타나고 있어.

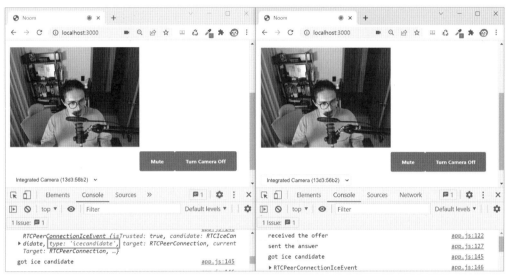

연결 작업 완료 후 콘솔 출력

액션 04 candidate 교환하기

이제 우리가 할 일은 이벤트 객체에 포함된 정보 중 candidate를 다시 다른 브라우저로 보내는 거야. candidate는 브라우저가 우리에게 '이게 브라우저 간의 소통 방법이야'라고 알려 주는 일종의 정보야. 첫 번째 탭에서 만든 candidate는 두 번째 탭으로, 두 번째 탭에서 만든 candidate는 첫 번째 탭으로 보내 줘야 해. 아직까지 우리는 서버 중개가 필요한 상태야. 코드로 가보자.

수정해 보자! ./src/public/js/app.js

```
(...생략...)
function handleIce(data){
  console.log("sent candidate");
  socket.emit("ice", data.candidate, roomName);
  console.log("got ice candidate");
  console.log(data);
}
```

ice 이벤트를 발생시켜서 매개변수에 참조된 icecandidate 이벤트 객체의 candidate 속성을 채팅룸 이름과 함께 서버로 보내고 있어. 서버에서도 대응해야겠지?

./src/server.js

```javascript
(...생략...)
const httpServer = http.createServer(app);
const wsServer = SocketIO(httpServer)

wsServer.on("connection", (socket) => {
  socket.on("join_room", (roomName) => {
    socket.join(roomName);
    socket.to(roomName).emit("welcome");
  });
  socket.on("offer", (offer, roomName) => {
    socket.to(roomName).emit("offer", offer);
  });
  socket.on("answer", (answer, roomName) => {
    socket.to(roomName).emit("answer", answer);
  });
  socket.on("ice", (ice, roomName) => {
    socket.to(roomName).emit("ice", ice);
  });
});

const handleListen = () => console.log("Listening on http://localhost:3000");
httpServer.listen(3000, handleListen);
```

각 탭에서 전달된 candidate를 같은 채팅룸에 있는 다른 탭에게 전달해 주는 ice 이벤트를 추가했어. 다시 app.js로 가서 이걸 처리해야 해.

```
수정해 보자!  ./src/public/js/app.js

(...생략...)
socket.on("answer", answer => {
  console.log("received the answer");
  myPeerConnection.setRemoteDescription(answer);
})

socket.on("ice", ice => {
  console.log("received candidate");
  myPeerConnection.addIceCandidate(ice);
});

// RTC Code
(...생략...)
```

주고받는 데이터를 추가했을 뿐, 사실 우리가 이전에 하던 작업과 큰 차이는 없어. 다만 이때 사용한 메서드는 조금 다르지? addIceCandidate 메서드는 전달받은 candidate를 내 peer에 추가하는 역할을 해.

액션 05 | candidate 출력 확인하기

자, 이번에도 특별한 동작 없이 콘솔 출력만 빠르게 확인해 보자. 채팅룸 nico를 생성해 보자.

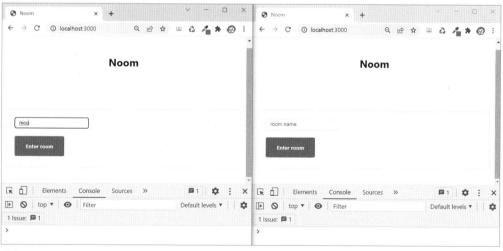

채팅룸 nico 생성

역시나 혼자 접속하면 콘솔에 아무것도 없지? 다른 탭에서도 따라 접속하고 그다음에 콘솔을 확인하면 돼.

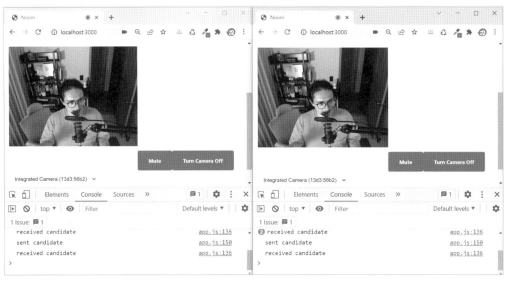

두 번째 사용자 접속

출력 완료! offer, answer, candidate까지 모두 나타나는 것을 볼 수 있어. 이제 우리는 연결 작업을 모두 끝낸 거야. 첫 번째 탭에서 두 번째 탭으로, 두 번째 탭에서 다시 첫 번째 탭으로. 이제 각 탭은 서로 peer-to-peer 커뮤니케이션을 할 수 있는 상태야.

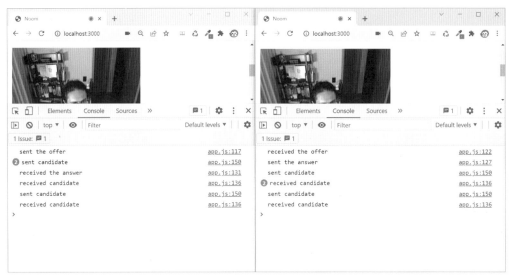

candidate까지 출력 완료된 콘솔 화면

액션 06 addstream 이벤트 추가하기

서로 연결되었으니 마지막으로 할 일은 미디어를 교환하는 거야. addstream이라는 이 벤트를 처리하면 이를 구현할 수 있어. 연결을 만드는 makeConnection 함수에 이벤트 핸들러 함수를 추가로 등록해 줄 거야.

수정해 보자! ./src/public/js/app.js

```
(...생략...)
// RTC Code

function makeConnection(){
  myPeerConnection = new RTCPeerConnection();
  myPeerConnection.addEventListener("icecandidate", handleIce);
  myPeerConnection.addEventListener("addstream", handleAddStream);
  myStream.getTracks()
  .forEach(track => myPeerConnection.addTrack(track, myStream));
}

function handleIce(data){
  console.log("sent candidate");
  socket.emit("ice", data.candidate, roomName);
}

function handleAddStream(data){
  console.log("got a stream from peer");
  console.log("Peer's Stream", data.stream);
  console.log("My Stream", myStream);
}
```

---

addstream 이벤트는 이름 그대로 peer 간의 연결에 스트림을 추가하면 발생하는 이벤트야. 우리는 영상과 소리를 위해 스트림을 이용하고 있으니, 이 이벤트를 처리하는 건 무척 중요 해. addstream 이벤트가 발생하면 전달된 상대방의 스트림(data.stream)과 내 스트림 (myStream)을 콘솔에 출력하도록 해두었어. nico 채팅룸에 차례대로 접속해 보자. 실제 콘솔에 나타나는 출력은 다음과 같아.

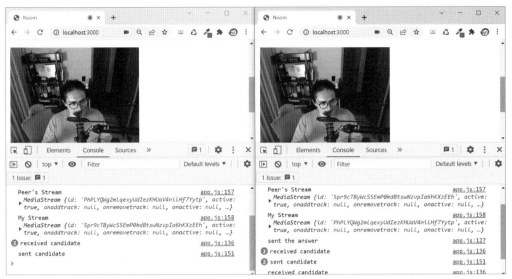

각 탭의 스트림 출력 결과

콘솔에서 Peer's Stream이라고 표시된 객체는 같은 채팅룸에 있는 상대방의 스트림이고, My Stream이 자신의 스트림이야. 각 탭에 표시된 스트림의 id를 주목해서 봐줘. id가 서로 교차되고 있음을 알 수 있지? 자신의 My Stream이 상대방에게는 Peer's Stream이라는 걸 발견할 수 있을 거야. 그래, 보다시피 우리는 서로 다른 사용자로부터 스트림을 받고 있어!

각 탭에서 교차되는 스트림 id

액션 07 대화 상대의 미디어 출력하기

연결도 됐고 미디어 스트림도 받아지니까 이제 화면에 보여 줄 수도 있겠지? 페이지에 요소를 추가한 다음 화면을 표시해 줄 거야. 오랜만에 home.pug를 수정해 보자.

수정해 보자! **./src/views/home.pug**

```
(...생략...)
  body
    header
      h1 Noom
    main
      div#welcome
```

```
        form
          input(placeholder="room name", required, type="text")
          Button Enter room
      div#call
        div#myStream
          video#myFace(autoplay, playsinline, width="400", height="400")
          button#mute Mute
          button#camera Turn Camera Off
          select#cameras
          video#peerFace(autoplay, playsinline, width="400", height="400")
      script(src="/socket.io/socket.io.js")
      script(src="/public/js/app.js")
```

video 요소를 하나 더 추가했는데, id가 peerFace야. 대화 상대의 스트림을 여기에 표시할 거야. 표시하는 작업은 app.js에서 해줘야 해.

수정해 보자! ./src/public/js/app.js

```
(...생략...)
function handleAddStream(data){
  const peerFace = document.getElementById("peerFace");
  peerFace.srcObject = data.stream;
  console.log("got a stream from peer");
  console.log("Peer's Stream", data.stream);
  console.log("My Stream", myStream);
}
```

방금 전까지는 콘솔에만 출력하던 상대방의 스트림을 이제 video 요소를 통해 화면에 출력하게 될 거야. 확인하러 고고!

액션 08 **영상 확인하기**

역시나 탭 2개에서 차례대로 채팅룸에 접속할 건데, 이제는 콘솔을 보지 않아도 돼. 화면에 영상이 표시될 거니까.

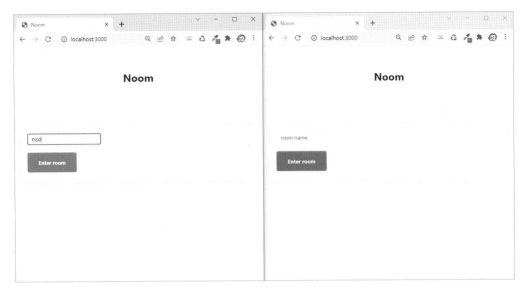

nico 채팅룸 생성

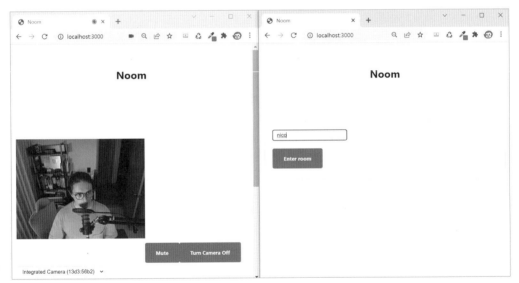

두 번째 탭에서 nico 접속

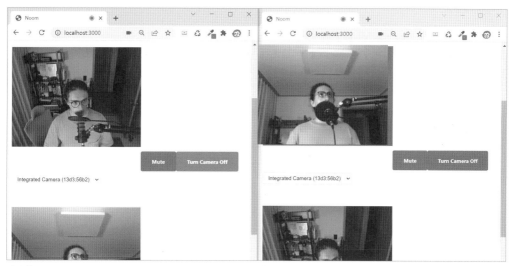

영상 출력 화면

짠! 영상 교환하기 작업은 끝이야. 각 화면에서 영상 2개를 보여 주지. 하나는 My Stream이고, 다른 하나는 Peer's Stream이야. 정말인지 확인하고 싶다면 이렇게 해봐. 첫 번째 탭에서만 카메라를 꺼보는 거지. 첫 번째 탭에서 [Turn Camera Off] 버튼을 클릭해 보자.

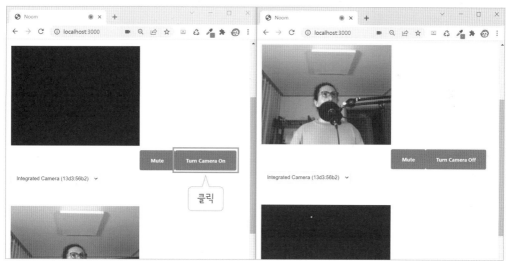

첫 번째 탭에서만 카메라 끄기

작동하지? 이제 화상 채팅의 핵심 기능인 영상 교환을 거의 다 구현했어. 정말 거의 다야. 아직 확인되지 않은 버그가 조금 남아 있기도 하고, 더 하고 싶은 것도 몇 가지 있어. 하지만 그것들은 다음 파트에서 진행하기로 하고, 일단 지금은 영상 교환의 기쁨을 잠시 즐겨 보도록 해. 수고했어!

07-6 미디어 트랙 제어하기

어떤 버그가 남아 있을까? 이것저것 살펴보아도 문제가 뭔지 모르겠다고 느끼는 사람도 분명 있을 거야. 숨어 있는 버그 2가지를 함께 확인해 보고 고쳐 보자.

액션 01 카메라 변경 확인하기

혹시 이 동작 시도해 봤어? 우리 앱에는 select로 만든 드롭다운 메뉴가 있는데, 이를 이용하면 사용하던 카메라를 변경할 수 있었지.

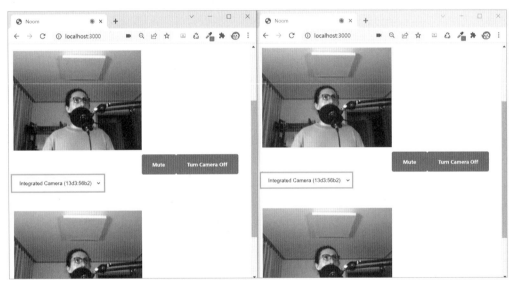

카메라를 변경할 수 있는 드롭다운 메뉴

그런데 현재 우리 앱은 한쪽 사용자가 카메라를 변경하면, 다른 쪽 사용자에게 그것이 반영되지 않아.

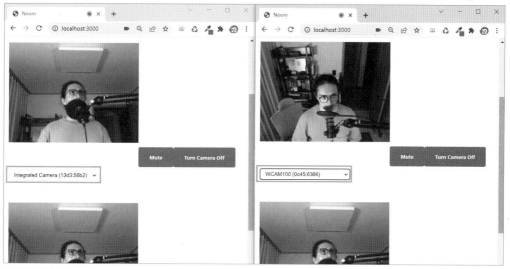

카메라를 변경 후에도 사진은 그대로

이상적인 화상 채팅 앱이라면 이런 일은 일어나선 안 돼. 한쪽에서 카메라를 변경하면, 다른 쪽에서는 그것을 당연히 반영해야 해. 이런 현상은 왜 일어나는 걸까? 우리가 카메라 변경을 다루는 함수를 보면 이해할 수 있을 거야.

확인해 보자! ./src/public/js/app.js

```
(...생략...)
async function getMedia(deviceId) {
  const initialConstraints = {
    audio: true,
    video: { facingMode: "user" }
  };
  const cameraConstraints = {
    audio: true,
    video: { deviceId: { exact: deviceId } }
  };
  try {
    myStream = await navigator.mediaDevices.getUserMedia(
      deviceId ? cameraConstraints : initialConstraints
    );
    myFace.srcObject = myStream;
    if(!deviceId){
      await getCameras();
```

```
    }
  } catch(e) {
    console.log(e);
  }
}

(...생략...)

async function handleCameraChange(){
  await getMedia(cameraSelect.value);
}
(...생략...)
```

카메라를 변경하면 handleCameraChange가 이벤트 핸들러 함수로 역할을 수행해. 여기에서는 getMedia 함수를 호출하면서 변경된 카메라를 전달하지. 그런데 현재 getMedia 함수에서는 나의 스트림인 myStream을 업데이트하는 작업은 해주지만, peer 간의 연결인 myPeerConnection 에는 아무것도 해주지 않아. 그래서 한쪽에서 카메라를 변경해도 상대방에게는 반영되지 않았 던 거야. 이제 뭘 해야 할지 알겠지?

액션 02 스트림 확인하기

우리가 해야 하는 건, peer한테 줄 스트림을 업데이트하는 거야. 왜냐하면 우리가 peer-to-peer 연결을 만들 때 트랙도 추가하기 때문이야. 일단 handleCameraChange에서 peer 연결로 보내진 트랙부터 확인해 보자.

수정해 보자! ./src/public/js/app.js

```
(...생략...)
async function handleCameraChange(){
  await getMedia(cameraSelect.value);
  if(myPeerConnection){
    console.log(myPeerConnection.getSenders());
  }
}
(...생략...)
```

카메라를 변경한 시점에 myPeerConnection이 존재한다면 getSenders라는 메서드를 호출하도록 했어. getSenders는 현재의 연결로부터 RTCrtpSender라는 인터페이스를 기반으로 해서 만든 객체들을 가져와 주는 메서드야. 여기서는 객체를 sender라고 표현할게. sender는 peer로 보내진 미디어 스트림의 트랙을 제어할 수 있게 해주는 객체야. 쉽게 말해 트랙에 접근할 수 있게 해주는 인터페이스(접점)라고 할 수 있는데, 이를 이용하면 변경된 스트림을 연결에 반영할 수가 있어.

그럼 출력을 확인해 보자. 이번에도 역시 두 사용자가 nico 채팅룸에 들어가 있는 상태를 만들어 봐. 콘솔도 열어 두고. 그런 상태에서 우리는 먼저 채팅룸에 들어가 있던 사용자 쪽의 화면만 확인해 볼 거야.

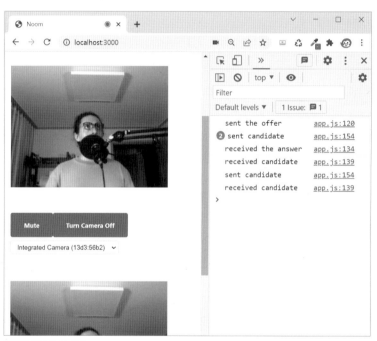

채팅룸 입장 후 첫 화면

여기에서 카메라를 변경해 봐. 그러면 getSenders 메서드로 출력한 게 나타날 거야.

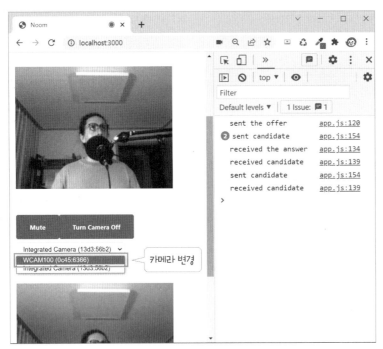

카메라 변경

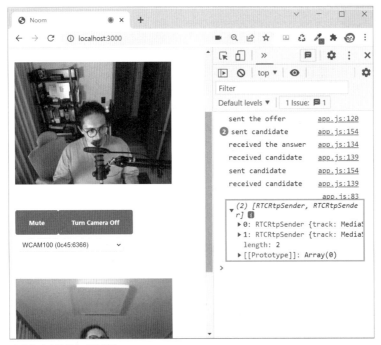

카메라 변경 후 콘솔 출력 확인

RTCrtpSender 타입의 객체로 이루어진 배열이 출력됐어. 각각은 우리가 사용하는 트랙 정보를 포함하는데 하나는 소리, 하나는 영상에 대한 거야. 우리는 이 중 영상에 해당하는 것을 업데이트하면 돼.

액션 03 트랙 변경하기

배열에 접근해서 kind가 video인 트랙을 포함한 sender만 골라내어 작업을 수행해 보자. 그런 다음 sender가 트랙을 교체해 주면 돼.

수정해 보자! `./src/public/js/app.js`

```
(...생략...)
async function handleCameraChange(){
  await getMedia(cameraSelect.value);
  if(myPeerConnection){
    console.log(myPeerConnection.getSenders());
    const videoTrack = myStream.getVideoTracks()[0];
    const videoSender = myPeerConnection
    .getSenders()
    .find((sender) => sender.track.kind === "video");
    videoSender.replaceTrack(videoTrack);
  }
}
(...생략...)
```

▶ 배열의 find 메서드는 배열 안에서 조건을 만족하는 요소를 찾아 반환해 줍니다.

sender 객체가 가진 replaceTrack 메서드를 이용하면 트랙을 변경할 수 있어. 내 스트림에서는 이미 변경된 영상 트랙을 가져다가 peer 간의 연결에도 반영해 준 거야.

액션 04 카메라 변경 재확인하기

이제 다시 두 탭을 열고 카메라 변경을 테스트해 보자. nico 채팅룸에 차례대로 접속해. 첫 번째 탭에서만 카메라를 변경해 줘.

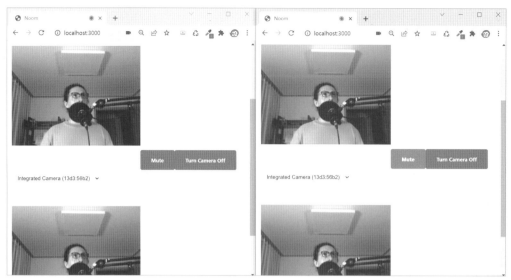

접속 후 초기 화면

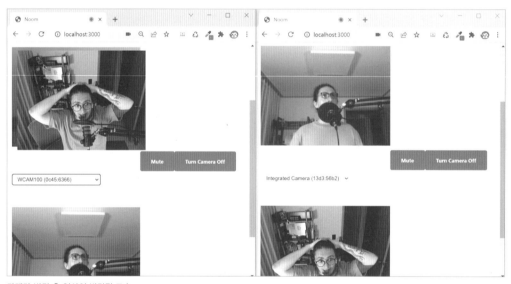

카메라 변경 후 영상이 변경된 모습

카메라 변경이 잘 되고 있어. 드롭다운 메뉴에서 선택하는 즉시 업데이트가 이루어지고, 각 사용자 화면에 바로 반영되고 있지. 이렇게 첫 번째 문제는 완벽히 해결됐어.

액션 05

local tunnel 사용하기

이제 다른 문제를 해결해 보자. 코드를 직접 작성해 가며 테스트하다 보니까, 여태까지는 항상 PC에서만 앱을 실행해 봤을 거야. 이번에는 모바일 환경에서도 실행해 보고, 여기

Do it! 클론 코딩 줌

에서 발생할 수 있는 문제를 예방해 두려고 해. 그런데 모바일에서는 우리 앱을 어떻게 실행시킬까?

일단 local tunnel이라는 패키지를 설치해야 해. local tunnel은 서버를 전 세계와 공유할 수 있게 해줘. localhost의 3000번 포트에서만 실행되던 우리 앱에 누구나 접근해 볼 수 있도록 URL을 생성해 주거든. 설치 명령어는 다음과 같으니 터미널에서 실행해 줘.

▶ npm run dev를 실행하는 터미널은 그대로 두고 새 터미널을 하나 더 열어서 실행해 주세요.

```
터미널                                                    — ☐ ×
> npm i -g localtunnel
```

local tunnel이 전역 옵션으로 설치되면 터미널에서 lt 명령어를 실행할 수 있어. 이는 local tunnel의 여러 기능을 수행할 때 사용하는 명령어 인터페이스야. lt 명령어 뒤에는 몇 가지 옵션이 필요한데, lt라고만 입력하면 도움말이 나와.

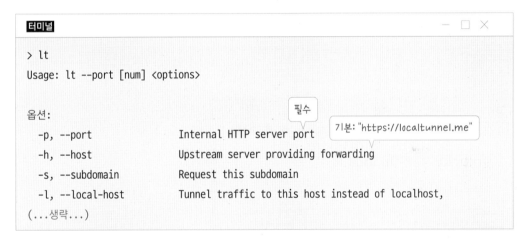

```
터미널                                                    — ☐ ×
> lt
Usage: lt --port [num] <options>

옵션:                                 필수
  -p, --port        Internal HTTP server port    기본: "https://localtunnel.me"
  -h, --host        Upstream server providing forwarding
  -s, --subdomain   Request this subdomain
  -l, --local-host  Tunnel traffic to this host instead of localhost,
(...생략...)
```

액션 06 포트 공유하기

앞서 말했듯 우리는 전 세계와 서버를 공유할 수 있어. 더 정확히 말하면 우리의 특정 포트를 공유할 수 있어. URL을 생성함으로써 말이야. 우리는 3000번 포트를 줄곧 사용해 왔으니, lt 명령어를 사용해서 이를 공유해 보자. 지금까지 해온 것과 마찬가지로 터미널에서 npm run dev로 서버 작업을 실행시켜. 그런 다음 새 터미널을 하나 추가로 열고 localtunnel 명령어를 입력하면 돼.

그러면 곧 명령어 아래에 새롭게 생성된 URL이 표시될 거야. URL은 랜덤하게 생성되니까 어떻게 나올지는 며느리도 몰라.

생성된 URL을 브라우저 주소 창에 입력해 주면 돼. 그러면 바로 우리 앱이 등장하지 않고 안내 화면 같은 게 먼저 나올 거야. 여기에서 [Click to Continue]를 눌러 우리 앱으로 이동하면 돼.

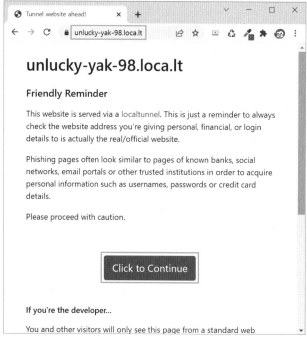

생성된 URL 첫 화면

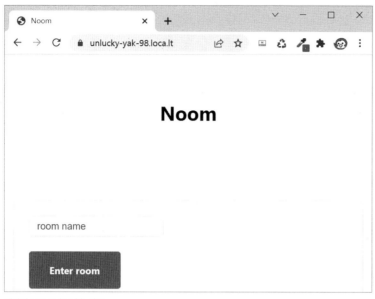
생성된 URL로 눔 접속 성공

생성된 URL로 우리의 3000번 포트가 공유됐고, 이제 눔을 이용할 수 있다는 걸 확인했어.

액션 07 모바일에서 실행하기

이제 스마트폰을 들고 웹 브라우저를 열어서 공유 URL에 접속해 봐. 스마트폰 운영체제에 따라서 사용할 수 있는 브라우저가 다를 텐데, 그 점은 상관없어. 내친 김에 크롬 앱을 설치해서 진행해도 좋고.

모바일에서도 눔 접속은 잘 됐어. 그러면 이번에는 조금 복잡한 작업을 해볼게. PC와 모바일 모두 같은 URL에 각각 접속한 상태에서 먼저 PC에서 채팅룸 nico를 만들 거야. 그리고 모바일에서 채팅룸 nico에 따라 들어가 보자.

iPhone X에서 눔 접속

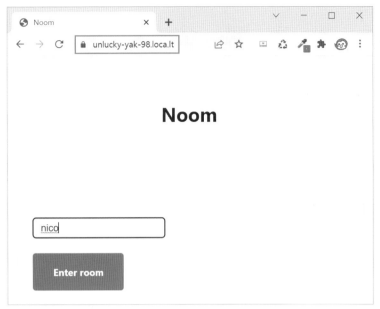

PC에서 nico 채팅룸 생성

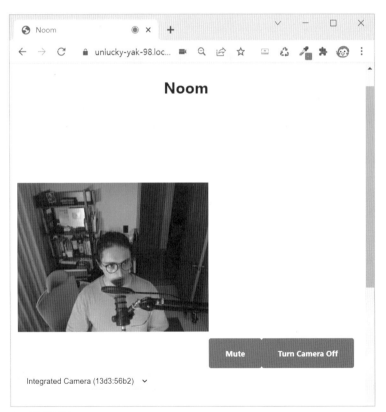

nico 채팅룸 접속

모바일에서 nico 채팅룸 입력

모바일에서 nico 채팅룸 접속 완료

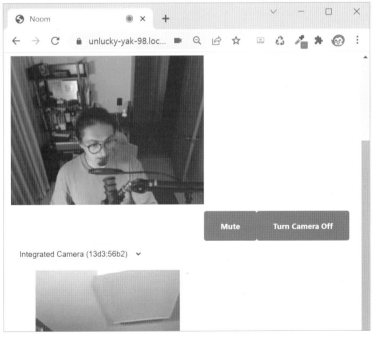

PC와 모바일에서 nico 채팅룸에 접속을 마친 직후 화면

와우! 서로 다른 기기를 사용하는 사용자 간에 화상 채팅을 할 수 있음을 확인했어. 그런데 사실 현재 이 동작은 모든 사람에게 성공적으로 이루어진다고 보장할 수는 없어. 실행되지 않는 친구들도 분명히 있을 거야. 참 슬픈 일이지? 되는 사람도 있고 안 되는 사람도 있다는 게. 그러나 걱정하지 마. 안 되는 경우에는 그에 대한 명확한 이유가 있을 테고, 우리는 그 문제를 해결하려고 작업할 거니까.

액션 08 STUN 서버 사용하기

PC와 모바일 기기 간의 화상 채팅에 성공한 경우와 그렇지 못한 경우의 차이는 네트워크에 있어. 만일 PC와 모바일에서 사용하는 네트워크가 다르면 영상이 보이지 않는 등의 문제가 발생할 거야. 예를 들어 접속한 와이파이^{wi-fi}가 서로 다르면 그렇다는 거지. 이런 문제를 해결하려면 STUN 서버라는 것이 필요해. STUN 서버는 기기들이 공용 IP 주소를 찾게 해줘. 우리는 지금 peer-to-peer 연결을 해서 서로 찾을 수 있어야 하는데, 이게 바로 STUN 서버가 필요한 이유지.

우리는 앱을 설정할 때 STUN 서버의 주소를 추가로 작성할 거야. 그런데 우리에게는 STUN 서버를 만들 만한 전문 능력이 없으니까 구글이 무료로 제공하는 STUN 서버를 사용해 빠르게 이를 해결하려고 해. 물론 실제로 서비스되는 전문 앱을 만들어야 한다면 STUN 서버를 직접 제작하고 운영해야겠지만, 지금 우리의 목적을 위해서는 무료 서버 정도면 충분해. 사용할 서버들을 우리 코드에 적용해 줄게.

수정해 보자! **./src/public/js/app.js**

```
(...생략...)
function makeConnection(){
  myPeerConnection = new RTCPeerConnection({
    iceServers: [
      {
        urls: [
          "stun:stun.l.google.com:19302",
          "stun:stun1.l.google.com:19302",
          "stun:stun2.l.google.com:19302",
          "stun:stun3.l.google.com:19302",
          "stun:stun4.l.google.com:19302",
        ]
      }
```

```
    ]
  });
  myPeerConnection.addEventListener("icecandidate", handleIce);
  myPeerConnection.addEventListener("addstream", handleAddStream);
  myStream.getTracks()
  .forEach(track => myPeerConnection.addTrack(track, myStream));
}
(...생략...)
```

한 번 더 강조할게. 만약 여러분이 자신만의 전문 앱 서비스를 만들고 싶다면 스스로 STUN 서버를 만들어 운영해야 해. STUN 서버는 여러분의 장치에 공용 주소를 알려 주는 역할을 하고, 무료 STUN 서버는 단지 임시로 사용하는 것일 뿐이라는 걸 잊지 말자.

자, 그리고 이렇게 해줌으로써 발생 가능성이 남아 있던 불안한 문제는 이제 해결됐어. 앞으로는 여러 기기가 서로 다른 네트워크로 인터넷을 사용하더라도 STUN 서버를 통해 공용 주소를 알아내어 peer-to-peer 연결에 성공할 수 있을 거야.

07-7 메시지 교환 기능 추가하기

이제 아주 작은 화상 채팅 앱 눔이 다 만들어졌어. 여기에서 사람들은 서로 얼굴을 보며 대화할 수 있고, 양쪽에서 카메라를 끄고 켤 수도 있으며, 이 동작은 모바일에서도 실행돼. 이미 멋진 앱을 훌륭하게 잘 만들었지만, 이대로 끝내기는 왠지 아쉬워서 하나만 더 해보려고 해. 이 절은 보너스 차원에서 추가했는데, 좀만 더 힘내서 유종의 미를 거두자!

액션 01 data channel 생성하기

data channel은 peer 간의 연결에서 다양한 형식의 데이터를 주고받는 데 필요한 기능을 지원하는 WebRTC API의 일부야. 현재 우리 앱은 영상과 소리를 주고받는데, data channel을 만들면 이미지, 파일, 텍스트 등 다양한 형식의 데이터를 간편하게 주고받을 수 있어. 말 그대로 정말 간편하게 주고받을 수 있는데, 왜냐하면 추가할 코드가 그리 많지 않으니까. 여기에서는 사용자 간 채팅을 직접 구현하진 않을 거야. 다만 data channel을 어떻게 만드는지와 그게 얼마나 하기 쉬운지를 너희에게 보여 줄게.

첫 번째 단계는 data channel을 생성하는 거야. 이제 offer가 뭔지는 잘 알고 있지? offer를 보내는 웹소켓이 바로 data channel을 생성하는 주체가 되어야 해. 그리고 offer를 만들기 전에 data channel을 만들어야 해. 이제 해보자.

수정해 보자! ./src/public/js/app.js

```
const socket = io();

const myFace = document.getElementById("myFace");
const muteBtn = document.getElementById("mute");
const cameraBtn = document.getElementById("camera");
const cameraSelect = document.getElementById("cameras");
const call = document.getElementById("call");

let myStream;
let muted = false;
let cameraOff = false;
```

```
let roomName;
let myPeerConnection;
let myDataChannel;

(...생략...)

// Socket Code

socket.on("welcome", async () => {        기억해, offer를 보내는 쪽의 동작이야!
  myDataChannel = myPeerConnection.createDataChannel("chat");
  myDataChannel.addEventListener("message", (event) => {
    console.log(event);
  });
  console.log("made data channel");
  const offer = await myPeerConnection.createOffer();
  myPeerConnection.setLocalDescription(offer);
  console.log("sent the offer");
  socket.emit("offer", offer, roomName);
});
(...생략...)
```

offer를 보내는 peer에서 offer보다 앞서서 data channel을 만들었어. 이제 다른 peer에서는 data channel이 있음을 감지해서 이벤트 핸들링을 해주면 돼. 즉, offer를 받는 peer에서는 data channel을 만들 필요가 없다는 뜻이야.

액션 02 data channel 이벤트 출력하기

data channel을 생성한 peer가 offer를 보냈고, 그걸 다른 peer에서 받았어. 그러면 offer를 받은 peer에서는 data channel을 감지할 수 있는데, 이건 하나의 이벤트라서 이벤트 핸들러 함수를 등록할 수도 있어.

수정해 보자! ./src/public/js/app.js

```
(...생략...)
// Socket Code
```

```
socket.on("welcome", async () => {
  myDataChannel = myPeerConnection.createDataChannel("chat");
  myDataChannel.addEventListener("message", (event) => {
    console.log(event);
  });
  console.log("made data channel");
  const offer = await myPeerConnection.createOffer();
  myPeerConnection.setLocalDescription(offer);
  console.log("sent the offer");
  socket.emit("offer", offer, roomName);
});

socket.on("offer", async (offer) => {          offer를 받는 쪽의 동작이야!
  myPeerConnection.addEventListener("datachannel", (event) => {
    console.log(event);
  });
  console.log("received the offer");
  myPeerConnection.setRemoteDescription(offer);
  const answer = await myPeerConnection.createAnswer();
  myPeerConnection.setLocalDescription(answer);
  socket.emit("answer", answer, roomName);
  console.log("sent the answer");
})
(...생략...)
```

일단 감지한 이벤트를 출력하는 정도만 처리해 두었어. 한번 확인해 볼까?

탭 2개에 nico 채팅룸으로 각각 접속하고 콘솔을 띄워. 몇 번째인지 모르겠지만 그만큼 익숙
하지? 확인해 보자.

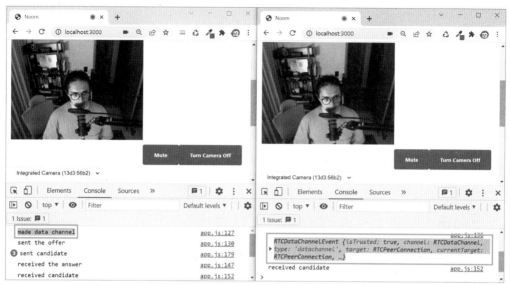

두 peer의 콘솔 확인

offer를 보낸 쪽의 콘솔에는 made data channel이라고 쓰인 문자열이 출력됐고, offer를 받은 쪽의 콘솔에는 RTCDataChannelEvent라는 이벤트 유형이 출력되었어. data channel이 제대로 생성되고 감지되었다는 뜻이지. 이벤트를 펼쳐보면 이벤트 객체의 내용이 보일 거야. 이벤트 객체의 속성 중에는 channel이 있는데, 이 속성이 data channel을 참조해. 이제 우리가 할일은 이 data channel에 이벤트 핸들러 함수를 추가하는 것뿐이야.

액션 03 메시지 이벤트 핸들링하기

메시지를 주고받을 수 있도록 이벤트를 처리하는 코드를 추가해 보자.

수정해 보자! ./src/public/js/app.js

```
(...생략...)
socket.on("offer", async (offer) => {
  myPeerConnection.addEventListener("datachannel", (event) => {
    console.log(event);
    myDataChannel = event.channel;
    myDataChannel.addEventListener("message", (event) => {
      console.log(event);
    });
  });
```

```
    console.log("received the offer");
    myPeerConnection.setRemoteDescription(offer);
    const answer = await myPeerConnection.createAnswer();
    myPeerConnection.setLocalDescription(answer);
    socket.emit("answer", answer, roomName);
    console.log("sent the answer");
  })
  (...생략...)
```

코드 자체는 그리 어렵지 않아. 그러나 이 앱을 만드는 내내 여러분은 어떤 코드가 어느 peer
에서 동작하는지 계속 헷갈렸을 거고, 이번에도 비슷할 것 같네. 기억하자. offer를 보내는 쪽
에서는 data channel을 생성하고, offer를 받는 쪽에서는 같은 data channel을 감지하기만
하는 거야.

액션 04 메시지 교환하기

앞서 사용자 간 채팅을 직접 구현하진 않을 거라고 이야기했지? 메시지 교환은 브라
우저에서 직접 해볼 거야. 탭 2개를 열고 차례대로 nico 채팅룸에 접속해 줘.

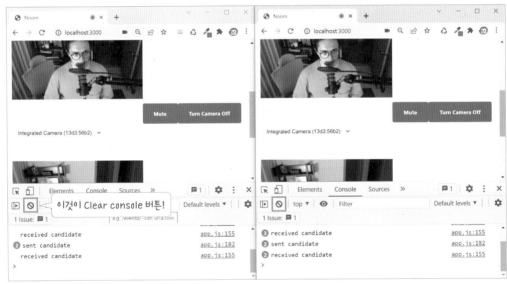

채팅룸 접속 직후 콘솔 화면

그러면 언제나 그랬듯 콘솔에 offer, answer 등이 교환되었음을 알리는 메시지가 여럿 출력되었을 텐데, [Clear console] 버튼을 클릭해 모두 지우자.

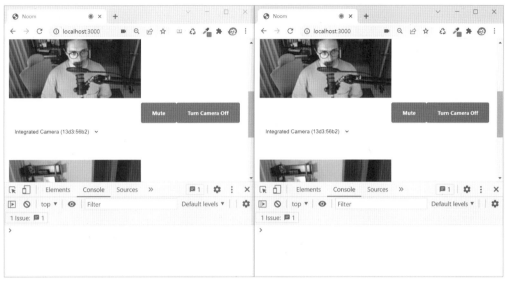

clear console 직후

그런 다음 콘솔에서 코드를 직접 실행해 보자. 첫 번째 탭(채팅룸에 먼저 접속한 탭)에서 콘솔에 myDataChannel.send("Hello");라고 직접 입력해 봐. 그러면 두 번째 탭(채팅룸에 나중에 접속한 탭)에서 이벤트를 출력할 거야.

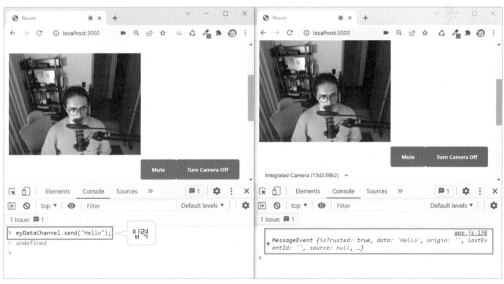

메시지 전달 및 이벤트 출력

이번에는 두 번째 탭에서 첫 번째 탭으로 메시지를 보내 보자. `myDataChannel.send("Nice to meet you");`를 입력해 봐.

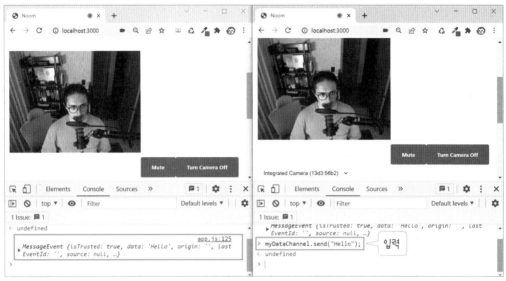

메시지 전달 및 이벤트 출력

data channel을 통해 양쪽에서 서로 메시지를 보내고 있는 걸 확인했어! 코드를 단 몇 줄만 추가했을 뿐인데, 이렇게 peer-to-peer 메시지 교환을 잘 수행한다는 게 놀라울 따름이야.

액션 05 메시지만 출력하기

참고로 메시지 이벤트 객체에서 **data**라는 속성에 접근하면 전달받은 메시지 내용만 반환받을 수 있어.

```
                                        app.js:125
MessageEvent {isTrusted: true, data: 'Hello', origin: '', last
EventId: '', source: null, …} ℹ
    isTrusted: true
    bubbles: false
    cancelBubble: false
    cancelable: false
    composed: false
  ▶ currentTarget: RTCDataChannel {label: 'chat', ordered: true,
    data: "Hello"
    defaultPrevented: false
    eventPhase: 0
    lastEventId: ""
    origin: ""
  ▶ path: []
  ▶ ports: []
```

메시지 이벤트 객체

코드를 아주 조금만 수정하면 되겠지? 속성명만 적어 주면 되니까.

./src/public/js/app.js

```
(...생략...)
// Socket Code

socket.on("welcome", async () => {
  myDataChannel = myPeerConnection.createDataChannel("chat");
  myDataChannel.addEventListener("message", (event) => {
    console.log(event.data);
  });
  console.log("made data channel");
  const offer = await myPeerConnection.createOffer();
  myPeerConnection.setLocalDescription(offer);
  console.log("sent the offer");
  socket.emit("offer", offer, roomName);
});

socket.on("offer", async (offer) => {
  myPeerConnection.addEventListener("datachannel", (event) => {
    myDataChannel = event.channel;
    myDataChannel.addEventListener("message", (event) => {
      console.log(event.data);
    });
  });
  console.log("received the offer");
  myPeerConnection.setRemoteDescription(offer);
  const answer = await myPeerConnection.createAnswer();
  myPeerConnection.setLocalDescription(answer);
  socket.emit("answer", answer, roomName);
  console.log("sent the answer");
})
(...생략...)
```

그런 다음 다시 앱을 실행해서 peer 간의 메시지 전달을 해보면, 메시지만 깔끔하게 출력되는 것을 확인할 수 있을 거야. 첫 번째 탭 콘솔에서 myDataChannel.send("Good!");이라고 입력하고 두 번째 탭을 확인해 봐.

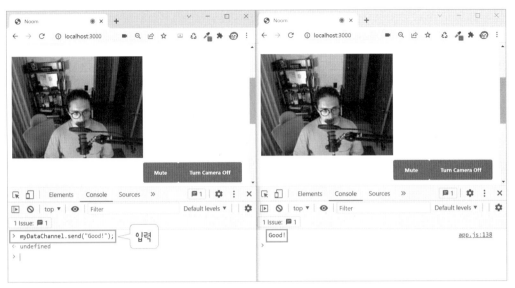

메시지만 출력되는 결과 확인

액션 06 정리하기

지금까지 WebRTC를 사용하면서 WebRTC의 강점만을 너무 강조한 것 같아서, 마지막으로 약점도 한 가지 설명해 줄까 해. 모든 게 완벽해 보이지만, 이를 사용하지 않기를 권장하는 상황도 존재하거든. 그건 바로 앱을 사용하는 사용자, 즉 peer가 지나치게 많을 때야. 이런 경우 WebRTC는 좋은 선택이 될 수 없어.

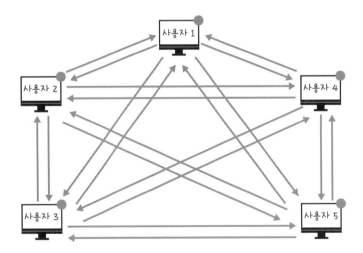

우리 네트워크는 마치 그물처럼 서로 연결하는 형태로 동작하는데, 이 경우 하나의 peer에서 영상이 전달되면 나머지 다른 peer들에게 같은 영상을 일일이 보내 주어야 해. 아무리 서버에

서 중개하지 않고 데이터 교환을 직접 한다고 해도 peer가 많은 상황에서는 지나치게 많은 업로드와 다운로드가 진행되어 네트워크에 부담을 줄 수 있어. 알겠지? 그래서 다수가 함께 해야 하는 채팅이나 게임 앱 등을 만들 때는 WebRTC를 사용할지 조금 고민해 봐야 해.

물론 대안은 있어. peer가 많은 경우에는 오히려 다시 서버 중개를 활용하는 편이 좋은데, 요즘에는 SFU^selective forwarding unit이라는 기술을 많이 사용하고 있으니 참고해 봐. 이 책의 내용과는 동떨어진 이야기여서 여기에서는 자세히 설명하진 않을 거야. 다만 다수의 사용자가 접속하는 앱에서는 SFU도 충분히 고려해 볼 만한 옵션이라는 점은 말해 두고 싶어.

▶ SFU에 참고할 만한 자료를 소개합니다. https://thenewdialtone.com/the-end-of-transcoding-webrtc-video-sessions

자, 여러분. 이제 정말 다 했어. 우리는 화상 채팅 앱 눔을 완성했고, 또 이걸 발전시킬 만한 여지가 충분히 있다는 사실까지 확인해 봤어. 개인적으로 이 결과가 마음에 들고, 이 책을 보고 열심히 실습한 여러분도 모두 만족했으면 좋겠어.

이번 책에서는 자바스크립트 API의 가장 어려운 부분을 집중해서 다뤘어. WebSocket, Socket.io, WebRTC, Data channel 등. 이제 여러분은 peer-to-peer 화상 채팅 애플리케이션을 만들 수 있게 됐어. 처음 듣는 개념과 코드 기법, 그리고 다양한 규칙 등을 소개해서 중간중간 어려웠을 거야. 그치만 우린 해냈고, 정말 수고 많았어.

[액션 07] 코드 챌린지 미션

마지막으로 여러분이 직접 진행해 봤으면 하는 몇 가지 코드 챌린지를 제안해 보려고 해. 우리가 함께 하는 시간은 마무리되었지만, 여러분의 코딩은 계속되어야 하니까! 모두 완성된 눔에 추가할 수 있는 거고, 실습을 잘 따라왔다면 그리 어렵지 않을 거야. 앞으로도 즐겁게 코딩하며 실력도 쭉쭉 향상시켰으면 좋겠고, 책 읽어 줘서 정말 고마워!

미션   − ☐ ✕

- CSS를 이용해서 스타일 향상하기
- data channel을 이용한 채팅 기능 추가하기
- 사용자가 채팅룸에서 나갔을 때 스트림 제거하는 기능 추가하기

08

스타일시트 추가하기

유노 조교입니다. 니꼬샘과 함께 한 코딩 수업, 즐거웠나요? 수업 과정을 통해 우리의 눔은 화상 채팅 앱에 필요한 기능을 두루 갖추었습니다. 이제 여러분이 할 일은 눔을 만들기 위해 작성한 코드나 적용한 기술을 온전히 자신의 것으로 만들고, 또 발전시키는 것인데요. 그래서 이번 장에서는 저와 함께 이전 장의 끝에서 니꼬샘이 제안한 미션 가운데 'CSS를 이용해서 스타일 향상하기'를 진행해 보겠습니다.

08-1 스타일 정의를 위한 준비

스타일시트를 추가하기에 앞서 우리는 크게 2가지 작업을 먼저 수행할 거예요. 프로젝트의 뷰^{view}를 담당하는 home.pug를 수정해 웹 콘텐츠 구조를 일부 변경하는 작업, 스타일시트를 작성하기 위해 새로운 폴더를 생성하고 내부 파일을 모듈화하는 작업을 진행하겠습니다.

액션 01 스타일 미리 보기

어떤 페이지를 만들지도 모르는 상태에서 무작정 스타일시트를 작성할 수는 없겠죠?
작업을 시작하기 전에 스타일시트를 추가 완료한 눔의 모습을 먼저 살펴보겠습니다.

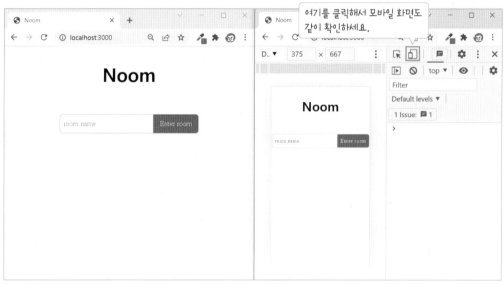

채팅룸 입장 전 화면

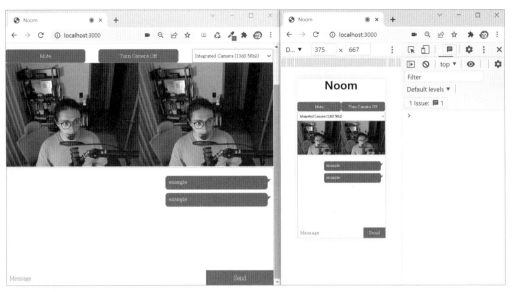

채팅룸 입장 후 화면

각 이미지의 왼쪽에는 데스크톱 브라우저로 접속했을 때의 레이아웃이, 오른쪽에는 모바일 브라우저로 접속했을 때의 레이아웃이 있습니다. 모바일 화면은 편의상 데스크톱 브라우저의 개발자 도구로 확인했습니다.

현재 눔에는 영상이 2개까지 표시되므로 두 영상의 크기는 레이아웃 너비의 절반 크기로 유지되도록 했습니다. 영상 위에는 각각 음소거, 카메라 끄기, 카메라 선택을 위한 입력 요소들이 배치되어 있습니다. 영상 아래에는 채팅 내용이 표시되는 영역을 추가했는데, 실제로 메시지를 교환하는 기능은 구현하지 않았습니다. 지금 보이는 결과물은 이전 07장 '화상 채팅 완성하기'에서 완성한 앱에 오로지 스타일만 추가한 것이라는 점을 참고해 주세요.

자, 스타일시트의 적용 결과를 확인해 보았으니, 그러면 이제 슬슬 작업을 시작해 볼까요?

액션 02 home.pug 수정하기

home.pug에서 실제 사용자와 상호 작용하는 웹 콘텐츠는 모두 `main` 태그 이하의 태그들을 통해 표시되는데, 우리는 일단 이 부분을 수정하여 스타일시트를 적용하기 편한 상태로 만들겠습니다. 요소의 배치 순서를 바꾸거나 클래스(class)를 추가하는 작업이 대부분입니다.

```
수정해 보자!  ./src/views/home.pug
```

```pug
(...생략...)
  body
    header
      h1 Noom
    main
      div#welcome
        form.welcome-form
          input(placeholder="Room name", required, type="text")
          button Enter room
      div#call.call
        div#myStream
          video#myFace(autoplay, playsinline, width="400", height="400")
          button#mute Mute
          button#camera Turn Camera Off
          select#cameras
          video#peerFace(autoplay, playsinline, width="400", height="400")
          div.control
            button#mute Mute
            button#camera Turn Camera Off
            select#cameras
          div
            video#myFace(autoplay, playsinline, width="400", height="400")
            video#peerFace(autoplay, playsinline, width="400", height="400")
          div.chat
            ul.chats
              li example
              li example
            form
              input(placeholder="Message", required, type="text")
              input(value="Send", required, type="submit")
    script(src="/socket.io/socket.io.js")
    script(src="/public/js/app.js")
```

웹 콘텐츠를 목적에 맞게 구분하기 위해 div 태그를 몇 개 추가하고, 각각에 하위 요소를 추가
했습니다. div#welcome의 하위 요소는 채팅룸 입장 전의 웹 콘텐츠이고, div#call.call의 하

위 요소는 채팅룸을 구성하는 웹 콘텐츠입니다. 하위 요소 또한 클래스 속성을 control, chat 등으로 지정한 div로 구분하여 자신의 역할을 나타냅니다. 클래스 속성이 정의된 요소와 정의되지 않은 요소가 섞여 있는데, 스타일시트를 작성할 때 선택할 요소와 선택하지 않을 요소의 차이입니다.

반드시 그래야만 하는 것은 아니지만, 스타일시트를 작성할 때에는 요소에 클래스를 추가하여 클래스 선택자를 통해 스타일을 적용하는 것이 가장 편리한 방법입니다. 클래스 속성은 여러 요소에 중복해서 지정할 수도 있고, 특정 요소에만 독립해서 지정할 수도 있기 때문입니다.

액션 03 스타일시트 폴더 만들기

우리가 지금까지 작업해 온 눔프로젝트의 폴더에는 하위 폴더 src가 있고, 그 안에 대부분의 코드가 자리잡고 있습니다. 따라서 스타일 관련 코드 역시 모두 이 안에 추가해 줄 것인데요. 정확한 위치는 src 폴더의 하위 폴더인 public 내부입니다. 여기에 css라는 이름의 폴더를 추가로 생성해 주세요.

스타일시트를 위해 css 폴더 생성하기

액션 04 파일 분할하기

우리는 css 폴더 안에 CSS 형식의 파일을 하나 만들고, 그 안에 필요한 모든 스타일을 작성할 수도 있습니다. 그러나 그렇게 하면 완성된 코드가 너무 길어져 읽거나 수정하기가 불편해질 수 있어요. 그래서 여기에서는 스타일시트를 목적에 맞게 여러 파일로 나누는 파일 분할 작업을 할 것입니다. css 폴더 안에 하위 폴더 2개를 만들고, 그 안에 다음처럼 파일을 여러 개 생성해 주세요.

▶ '모듈화'라고도 하는 파일 분할 작업은 필수가 아닌 선택 사항이지만, 코드를 쉽게 유지 및 관리하는 데 무척 도움이 되는 방법입니다.

```
css 폴더 내부 구조                                        —  □  ✕

css
└ elements
    └ bubble.css
    └ button.css
└ layout
    └ chat.css
    └ control.css
    └ welcome.css
└ common.css
└ reset.css
```

```
∨ css
  ∨ elements
    #  bubble.css
    #  button.css
  ∨ layout
    #  chat.css
    #  control.css
    #  welcome.css
  #  common.css
  #  reset.css
```

css 폴더 안에 하위 폴더와 파일 생성하기

css 폴더에는 하위 폴더 elements, layout이 생성되었습니다. elements 폴더는 페이지 안에서 여러 번 재사용할 요소 스타일을, layout 폴더는 페이지의 전체 윤곽 스타일을 각각 보관할 것입니다. 하위 폴더에 포함되지 않은 common.css는 모든 요소에 공통으로 영향을 끼칠 스타일을, reset.css는 브라우저별 호환성을 고려한 초기 설정을 위한 스타일을 담당할 파일입니다.

액션 05 웹 콘텐츠와 스타일시트 연결하기

파일 생성을 마친 뒤에는 home.pug에 다음처럼 link 태그를 여러 개 추가하여 각 파일들을 모두 연결해 주세요.

```
doctype html
html(lang="en")
head
    meta(charset="UTF-8")
    meta(http-equiv="X-UA-Compatible", content="IE=edge")
    meta(name="viewport", content="width=device-width, initial-scale=1.0")
    title Noom
    //- link(rel="stylesheet", href="https://unpkg.com/mvp.css")    ◄── 주석으로 처리했어요!
    link(rel="stylesheet", href="public/css/reset.css")
    link(rel="stylesheet", href="public/css/common.css")
    link(rel="stylesheet", href="public/css/layout/welcome.css")
    link(rel="stylesheet", href="public/css/layout/control.css")
    link(rel="stylesheet", href="public/css/layout/chat.css")
    link(rel="stylesheet", href="public/css/elements/button.css")
    link(rel="stylesheet", href="public/css/elements/bubble.css")
  body
(...생략...)
```

이전까지 우리는 MVP.css 라는 스타일시트 라이브러리를 사용해서 스타일을 적용해 왔는데, 이제부터는 우리가 직접 스타일을 정의할 것이므로 MVP.css를 연결한 태그는 지우거나 주석으로 처리하겠습니다.

▶ pug 문서의 주석은 '//- '으로 시작합니다.

액션 06 reset.css 준비하기

구조를 모두 준비했으니, 첫 번째 파일을 수정해 보겠습니다. 그 주인공은 바로 reset.css 파일인데, reset.css의 목적은 우리의 앱이 다양한 브라우저에서 일관된 스타일을 유지할 수 있도록 웹 콘텐츠의 스타일을 모두 초기화해 주는 것입니다.

▶ 웹 브라우저마다 웹 콘텐츠에 적용하는 기본 스타일이 조금씩 다릅니다. 따라서 같은 스타일시트를 적용하더라도 웹 콘텐츠의 형태가 조금씩 다르게 보일 수 있습니다.

스타일 초기화에 사용할 코드를 우리 손으로 직접 작성할 수도 있지만, 같은 목적으로 사용할 수 있는 라이브러리가 따로 존재하기도 합니다. 따라서 우리는 reset.css의 내용을 직접 작성하지 않고 기존의 코드를 가져와서 사용해 볼 거예요. 다음 주소로 이동하면 reset.css라는 이름의 간단한 CSS 코드가 제공되는 것을 확인할 수 있습니다.

▶ reset.css 코드: https://meyerweb.com/eric/tools/css/reset/reset.css

reset.css 가져오기

위 주소에서 reset.css의 모든 코드를 복사하고, 이를 우리 프로젝트의 reset.css 파일에 그대로 붙여 넣으세요. 그러면 우리는 브라우저마다 제공하는 기본 스타일이 모두 초기화된 상태에서 웹 콘텐츠를 스타일링할 수 있게 됩니다.

08-2 스타일 정의하기

자, 준비는 끝났습니다. 이제 각각의 CSS 문서를 작성해 나가면서 눕이 어떻게 변해 가는지를 확인하는 일만 남았네요. 그럼 시작해 보겠습니다. 참, 이 책에서 제공하는 코드를 그대로 사용하는 것도 좋지만, 여러분 나름대로 변형해 가며 차근차근 따라 해보는 것도 공부에 도움이 될 것입니다. 코드를 가지고 논다는 기분으로 진행해 보세요.

액션 01 공통 CSS 추가하기

앞 절에서 reset.css를 통해 요소의 기본 스타일을 초기화했습니다. 여기에 더해 common.css에 몇 가지 공통 사항을 추가로 작성하겠습니다.

수정해 보자! ./src/public/css/common.css

```css
*{
  font-family: serif, monospace;
  box-sizing: border-box;
}
body{
  margin: 0;
}
```

별표(*)는 문서 내 모든 요소를 선택할 때 사용하는 선택자입니다. 문서에서 사용할 글꼴을 지정하고, **box-sizing** 속성을 **border-box**로 지정했습니다. **border-box**는 너비와 높이가 안쪽 여백을 포함해서 계산되도록 설정하는 것으로, 요소 크기를 지정할 때의 편의를 고려한 속성값입니다.

채팅룸 입장 전 화면 스타일 정의하기

채팅룸 입장 전 화면 스타일은 elements 폴더의 button.css와 layout 폴더의 welcome.css에서 정의합니다.

수정해 보자! **./src/public/css/elements/button.css**

```css
button, input[type="submit"]{
  border: 1px solid #aeaeae;
  border-radius: 8px;
  background-color: #3b82f6;
  font-size: 1rem;
  color: #fff;
  cursor: pointer;
}
```

button.css에 정의된 스타일은 채팅룸 입장 이후의 화면에서 사용할 모든 버튼에 공통으로 적용되기도 합니다.

수정해 보자! **./src/public/css/layout/welcome.css**

```css
header{
  margin: 0 auto;
  padding: 3rem 1rem;
  text-align: center;
}
header h1{
  font-size: 3rem;
  font-weight: 900;
}

.welcome-form{
  margin: 2rem 0;
  text-align: center;
}
.welcome-form input,
.welcome-form button{
  height: 50px;
  padding: 10px;
```

```
    font-size: 1.1rem;
  }
  .welcome-form input{
    width: 250px;
    border: 1px solid #aeaeae;
    border-radius: 8px 0 0 8px;
  }
  .welcome-form input:focus{ outline: none; }
  .welcome-form button{
    width: 120px;
    border-radius: 0 8px 8px 0;
  }

  @media screen and (max-width: 369px){
    .welcome-form{
      min-width: 234px;
    }
    .welcome-form input,
    .welcome-form button{
      height: 40px;
      padding: 5px;
      font-size: 0.8rem;
    }
    .welcome-form input{
      width: 67.56756%;
    }
    .welcome-form button{
      width: 32.43244%;
    }
  }
```

채팅룸 입장 전 화면에는 채팅룸 이름을 입력할 수 있는 폼이 있습니다. welcome.css에서 정의한 스타일은 모두 폼의 크기 및 위치를 결정하는 스타일입니다. 코드 아랫부분에는 미디어 쿼리가 적용되었는데, @media screen and (max-width: 369px)는 화면의 너비가 370px보다 좁을 경우의 스타일을 정의하기 위한 미디어 쿼리 조건입니다. 눕은 모바일에서도 사용할 수 있는 앱이므로 이러한 코드를 추가해 준 것입니다.

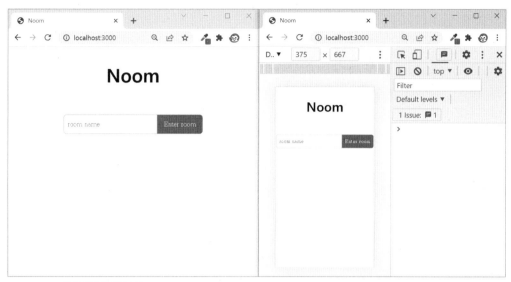

welcome.css 작성 완료 후 앱의 모습

입력 요소 크기 및 배치 정의하기

채팅룸에 입장하고 나면 화면을 구성하는 요소의 수가 많아집니다. 그중에서도 먼저 미디어를 제어할 수 있는 입력 요소의 스타일을 정의해 보겠습니다. 수정할 문서는 control. css입니다.

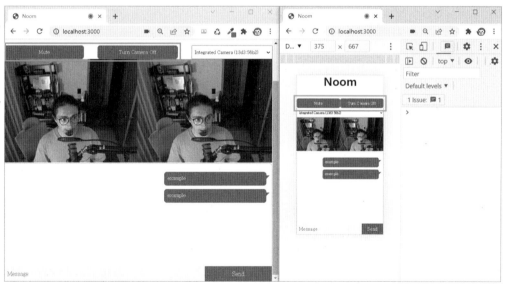

미디어 제어를 위해 사용하는 여러 입력 요소

```
.control{
  display: flex;
  justify-content: space-between;
}
.control button,
.control select{
  width: 30%;
  height: 40px;
  padding: 5px;
}

@media screen and (max-width: 500px){
  .control{
    flex-wrap: wrap;
  }
  .control button{
    width: 50%;
  }
  .control select{
    width: 100%;
  }
}
```

음소거, 카메라 끄기, 카메라 변경을 담당하는 입력 요소는 모두 클래스가 control인 div 요소에 포함되어 있습니다. 여기에서는 div의 display를 flex로 정의하여 영역 안에서 요소를 양 끝 정렬했습니다. 양 끝 정렬된 요소는 모두 영역의 너비가 좁아질 경우 크기를 조절하여 배치를 바꿉니다. 이때 미디어 쿼리 조건은 @media screen and (max-width: 500px)로, 너비 500px 이하의 모든 화면에서 카메라를 변경하는 select 요소는 두 버튼의 아래로 내려갑니다.

액션 04 채팅 스타일 정의하기

영상과 채팅 내용이 표시되는 영역의 스타일을 정의할 차례입니다. 추후에 진짜 채팅 기능을 추가할 것까지 고려해서 레이아웃을 잡아 보았습니다.

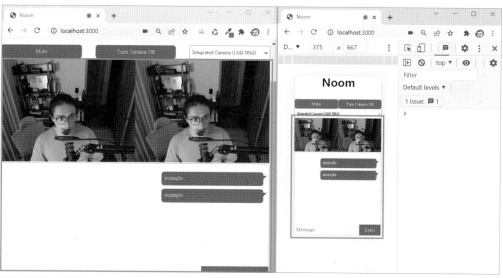

영상과 채팅 표시 영역

수정해 보자! ./src/public/css/layout/chat.css

```css
.call{
  width: 100%;
  max-width: 1200px;
  margin: auto;
}

video{
  width: 50%;
  height: auto;
}

.chat{
  border: 1px solid #aeaeae;
  border-radius: 8px 8px 0 0;
}
```

```
.chat ul.chats{
  overflow: auto;
  height: 300px;
  margin: 0;
  padding: 1.5rem 0;
}
.chat form input{
  font-size: 1.2em;
  margin: 0;
  border: none;
  height: 45px;
}
.chat form input[type="text"]{
  width: 75%;
  padding-left: 10px;
  background-color: #F6F6F6;
}
.chat form input[type="text"]:focus{
  outline: none;
}
.chat form input[type="submit"]{
  width: 25%;
  border-radius: 0;
}
```

.call 스타일 선언은 미디어를 제어하는 입력 요소와 영상, 그리고 채팅 영역이 포함된 div 영역에 대한 스타일을 정의한 부분입니다. 여기에는 max-width를 1200px로 정의해서 레이아웃이 그 이상 커지지 않게 했습니다. video 요소는 2개까지 표시되므로 width를 화면의 절반인 50%로 정했습니다. max-width의 절반인 600px이 영상의 최대 너비입니다.

채팅 영역에서는 채팅 내용을 목록으로 표시합니다. ul 태그 안에 포함될 li가 사용자의 메시지인데, ul에 지정한 overflow: auto;는 메시지가 많아 영역 안에 다 표시할 수 없을 때 스크롤이 만들어지도록 한 것입니다.

액션 05 채팅 말풍선 표현하기

채팅 영역 안에 있는 말풍선의 스타일을 정의하겠습니다. 이는 bubble.css에서 정의합니다.

수정해 보자! ./src/public/css/elements/bubble.css

```css
ul.chats li{
  position: relative;
  list-style-type: none;
  width: 38%;
  height: 40px;
  margin: 0 0 10px 60%;
  padding: 10px;
  border-radius: 8px;
  background-color: #3b82f6;
  color: #fff;
}
ul.chats li::after{           ← 말풍선 꼬리 부분
  content: "";
  position: absolute;
  top: 10px;
  right: -10px;
  width: 0;
  height: 0;
  border-bottom: 16px solid transparent;
  border-left: 16px solid #3b82f6;
}

@media screen and (max-width: 768px){
  ul.chats li{
    margin: 0 0 10px 30%;
    width: 65%;
  }
}
```

말풍선을 담당하는 li에 after라는 의사 요소^{pseudo element}를 추가한 스타일 선언문이 보이나요? 이는 말풍선에 꼬리 부분을 만들려고 추가한 의사 요소입니다. 의사 요소의 상하좌우 네 면 중 일부에만 테두리를 그려 주어 마치 삼각형 요소인 것처럼 보이게 하는 스타일을 정의해

두었습니다. 그 결과 li 요소는 말풍선처럼 보이는 형태를 띠게 됩니다.

말풍선의 꼬리 부분

액션
06 완성하기

다 왔습니다! 지금까지 안내해 드린 스타일시트를 모두 작성하고 나면, 이번 장 첫 부분에서 보여 드렸던 것과 같은 화면이 완성된 것을 확인할 수 있을 거예요.

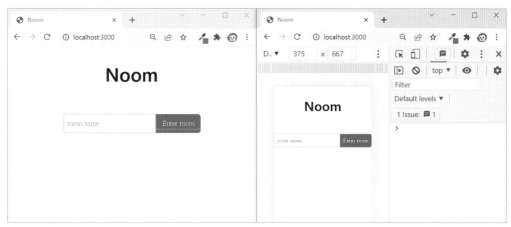

채팅룸 입장 전 화면

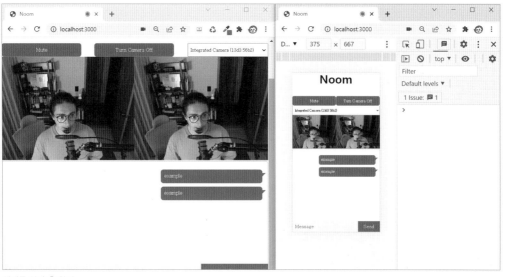

채팅룸 입장 후 화면

이로써 저와 함께 했던 코드 챌린지 미션, 'CSS를 이용해서 스타일 향상하기'는 끝났습니다. 이 책은 끝냈지만 여러분의 코딩은 끝난 것이 아니죠? 여러분께서는 완성된 눔에 자기만의 스타일을 가미하는 연습을 꼭 해보세요. 요소의 색깔, 글꼴, 크기 등을 간단하게 바꿔 보는 것도 좋고, 레이아웃을 통째로 갈아엎어 보는 경험도 해보세요. 이와 더불어 니꼬샘이 제안했던 다른 코드 챌린지 미션도 수행해 보면서 실력을 한 단계 업그레이드해 보세요. 분명 큰 도움이 될 것입니다. 멋진 앱을 만들고, 또 자랑하는 여러분의 모습을 기대하겠습니다. 수고하셨습니다.

찾아보기

기초
단계

점프 투 파이썬
박응용 | 360쪽

C 언어 입문
김성엽 | 576쪽

자바 완전 정복
김동형 | 856쪽

자료구조와 함께 배우는 알고리즘 입문 파이썬 편
시바타 보요, 강민 역 | 408쪽

자료구조와 함께 배우는 알고리즘 입문 C 언어 편
시바타 보요, 강민 역 | 464쪽

자료구조와 함께 배우는 알고리즘 입문 자바 편
시바타 보요, 강민 역 | 432쪽

응용
단계

파이썬 생활 프로그래밍
김창현 | 296쪽

깡샘의 안드로이드 앱 프로그래밍 with 코틀린
강성윤 | 712쪽

알고리즘 코딩 테스트
김종관 | 564쪽

나는 어떤
코스가
적합할까?

A 파이썬 개발자가 되고 싶은 사람

- Do it! 파이썬 생활 프로그래밍
- Do it! 점프 투 장고
- Do it! 점프 투 플라스크
- Do it! 장고+부트스트랩 파이썬 웹
  개발의 정석

B 자바·코틀린 개발자가 되고 싶은 사람

- Do it! 자바 완전 정복
- Do it! 자바 프로그래밍 입문
- Do it! 코틀린 프로그래밍
- Do it! 안드로이드 앱 프로그래밍
  — 개정 8판
- Do it! 깡샘의 안드로이드 앱 프로그래밍
  with 코틀린 — 개정판

웹 프로그래밍 코스 | 웹 기술의 기본은 HTML, CSS, 자바스크립트!
기초 단계를 독파한 후 응용 단계로 넘어가세요!

기초
단계

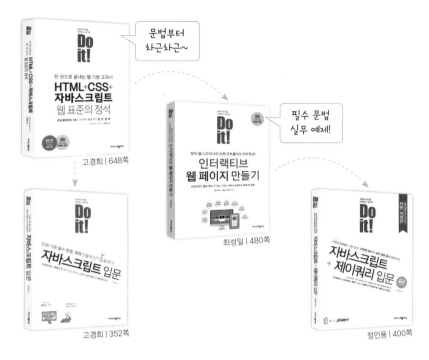

문법부터
차근차근~

필수 문법
실무 예제!

한 권으로 끝내는 웹 기본 교과서
**HTML+CSS+
자바스크립트**
웹 표준의 정석

고경희 | 648쪽

현직 웹 디자이너의 진짜 포트폴리오 8가지 완성!
**인터랙티브
웹 페이지 만들기**

최성일 | 480쪽

ES6 기준 필수 문법, 예제 만들며 신나게 끝낸다!
자바스크립트 입문

고경희 | 352쪽

**자바스크립트
+ 제이쿼리 입문**

정인용 | 400쪽

응용
단계

**반응형 웹 페이지
만들기**

김운아 | 344쪽

**클론 코딩
영화 평점 웹서비스**

니꼴라스, 김형태 | 248쪽

**클론 코딩
트위터**

니꼴라스, 김준혁 | 256쪽

나는 어떤
코스가
적합할까?

A 웹 퍼블리셔가 되고 싶은 사람

- Do it! HTML+CSS+자바스크립트
  웹 표준의 정석
- Do it! 인터랙티브 웹 만들기
- Do it! 자바스크립트+제이쿼리 입문
- Do it! 반응형 웹 페이지 만들기
- Do it! 웹 사이트 기획 입문

B 웹 개발자가 되고 싶은 사람

- Do it! HTML+CSS+자바스크립트
  웹 표준의 정석
- Do it! 자바스크립트 입문
- Do it! 클론 코딩 영화 평점 웹서비스
  만들기
- Do it! 클론 코딩 트위터
- Do it! 리액트 프로그래밍 정석

앱 프로그래밍 코스

Application Programming Course

자바, 코틀린, 스위프트로 시작하는 앱 프로그래밍!
나만의 앱을 만들어 보세요!

기초 단계

김동형 | 856쪽

황영덕 | 680쪽

정재곤 | 800쪽

강성윤 | 712쪽

송호정, 이범근 | 704쪽

응용 단계

조준수 | 500쪽

전예홍 | 856쪽

김응석 | 576쪽

나는 어떤 코스가 적합할까?

A 빠르게 앱을 만들고 싶은 사람

- Do it! 안드로이드 앱 프로그래밍
  — 개정 8판
- Do it! 깡샘의 안드로이드 앱
  프로그래밍 with 코틀린 — 개정판
- Do it! 스위프트로 아이폰 앱 만들기
  입문 — 개정 6판
- Do it! 플러터 앱 프로그래밍 — 개정판

B 앱 개발 실력을 더 키우고 싶은 사람

- Do it! 자바 완전 정복
- Do it! 코틀린 프로그래밍
- Do it! 리액트 네이티브 앱 프로그래밍
- Do it! 프로그레시브 웹앱 만들기